Nacidos para Amar

Por
Grisel Jorge de Pitre

Bloomington, IN      Milton Keynes, UK

 authorHOUSE®

AuthorHouse™
1663 Liberty Drive, Suite 200
Bloomington, IN 47403
www.authorhouse.com
Phone: 1-800-839-8640

AuthorHouse™ UK Ltd.
500 Avebury Boulevard
Central Milton Keynes, MK9 2BE
www.authorhouse.co.uk
Phone: 08001974150

First published by AuthorHouse 04/24/2007

ISBN: 978-1-4343-1174-0 (sc)

*Printed in the United States of America
Bloomington, Indiana*

This book is printed on acid-free paper.

Dedicación

Dedico mi libro a todo aquel que de una forma u otra será alcanzado a través de estas palabras porque impactarán su vida.

Agradecimiento

Agradezco primeramente a Dios que habita en el cielo y que usa mi corazón como su habitación para hablarme de sus bellas profundidades.

Le doy gracias a mi lindo esposo Humberto que siempre estuvo allí para darme su apoyo, desde que llegué a su vida. Gracias a mis dos aretes por adornar mi vida y hacerme sentir hermosa y con mucho deseo de vivir y seguir adelante, a mi Ashley y a mi Gaby. También a un ser muy grande y especial; mi madre Ana Hilda, quien es mi confidente y soporte en los más duros y difíciles momentos.

Quiero también agradecer a mi pastor, que ha sido el mismo todo el tiempo y se ha convertido en un apoyo para nuestra familia. Estuvo siempre dispuesto a brindarme su ayuda para la realización de este libro, gracias pastor Domingo Valdez. De igual forma les doy gracias a todos aquellos que me brindaron su apoyo; sus palabras positivas cuando les compartí sobre mis metas y creyeron que lo lograría.

Gracias al Rvdo. Dr. Kittim Silva por su colaboración desinteresada en la publicación de este libro

Índice

Prólogo

Sin lugar a duda el libro de la autora Grisel Pitre, titulado *Nacidos para Amar*, responde a una sociedad contemporánea donde los divorcios parecen estar de moda y la falta de comprensión en muchas parejas parece ser un laberinto sin salida.

Nacidos para Amar, desarrolla una temática donde la exponente recurre a la historia de la primera pareja Adán y Eva; viendo a la segunda como la contraparte o complemento del primero. Tomando la metáfora del corazón dividido, ella reflexiona y aplica verdades a los matrimonios y da consejos sabios de cómo mantener esa relación recíproca.

Por otra parte la autora, que tuvo que emigrar de su nativa República Dominicana, experimentó lo que muchos le ha tocado enfrentar y se conoce como el choque cultural; otro país, otro idioma y otra cultura. Pero ella logró sobreponerse y en todo esto vio la ayuda divina.

Grisel Pitre con valentía humana se atreve a abrir ventanas y quitar candados de las puertas de su vida, para enseñar a otros que todos los seres humanos tienen la gran necesidad psicológica de amar y ser amados. Tomando el amor como base de reflexión teológica, ella analiza y aplica los términos que en griego significan amor como ágape, fileos y eros.Comprender esto le permitirá al ser humano y a cada pareja, balancear lo que es el amor y como esto puede enriquecer las realaciones de una pareja y suturar cualquier rotura emocional o sentimental que pueda haber entre los mismos.

Para la autora el desierto espiritual y emocional es algo que es ineludible para el creyente o para toda persona. Ella declara: «...*jamás nos encontraremos con Dios hasta que no aprendamos a iniciar un encuentro con nosotros mismos*». El desierto es el lugar de ese encuentro.

Al encontrarse como un ser humano moviéndose contra la corriente de la vida, la autora confesó: «*Empecé a sentir el rechazo y la contrariedad de no estar corriendo normalmente al igual que los demás. Mi creencia y en la manera que interpreté mi religión me enseñó a ver a Dios y las personas dentro de un marco del cual ellos, ni yo podíamos salir*».

El libro *Nacidos para Amar* enfrenta a esa religión apática del sufrimiento humano, que solo se concentra en lo litúrgico, lo congregacional, lo emocional, se olvida de aquellos y aquellas que están sufriendo de problemas de depresión y otros males psicológicos. Grisel Pitre dice: «*La religión muchas veces ayuda a la persona a reducir el dolor momentáneo de la necesidad, y de ese vacío interno, cuando no podemos comprender el verdadero significado de Dios, de su amor y de las Escrituras erramos en nuestra propia mente y confundimos necesidades humanas con las necesidades espirituales*».

Dr. Kittim Silva Bermúdez
Autor y Obispo del Concilio Internacional
de Iglesias Pentecostáles de Jesucristo, Inc.

Introducción

Era la media noche cuando vino a mi mente un manantial de palabras como si alguien me estuviera dictando sobre el significado del verdadero amor. En ese instante me llegaron las respuestas a todas las preguntas que giraban dentro de mí. Sentía como se me hundía el corazón, en el quebranto de la necesidad espiritual por esa respuesta. Sabía que existía algo mas profundo por conocer y que esta era la contestación a mi sed interna.

En este libro presento temas que han impactado aun a mi propio corazón y sé que podrá impactar a muchos que lo lean. A través de estos, me sentí como navegando en un mar inmenso, al parecer perdida en la grandeza de un desierto interior. Cada tema me llevó al camino de un conocimiento profundo. En mi interés por entender la verdad que existe detrás de la vida humana y el misterio que encierra la vida espiritual y por el cual entendí que a través del conocimiento de lo terrenal y lo espiritual podría llegar a la verdad de tantos conflictos que nos envuelven a todos podría yo decir generalmente. Yo llegué a entender que las cosas terrenales se resuelven terrenalmente y que las cosas espirituales se resuelven espiritualmente. Así fue cuando quise conocer como manejar estas dos facetas de mi vida y de cual dependía toda mi estabilidad mental.

Comprendí que existían tres amores, dos terrenal y uno espiritual y por el cual consistía toda la realidad humana, el cual eran; el amor eros y el amor filiar y el amor espiritual ágape.

Capítulo 1

VIVIENDO EN LA IGNORANCIA

Fantasía Mental

Parecía como si navegara en un gran mar dentro de mi mente y que caminara durante largo tiempo dentro de un laberinto sin salida. Esto era similar a ir por un camino perdida, sin saber la dirección exacta. Donde la mente se acomoda a una fantasía para evitar sentir el dolor de estar errante. Una constante pregunta ardía silenciosamente como una braza encendida dentro de mi ser. Me sentía como el siervo que brama por las corrientes de las aguas, deseoso por saciar su sed, así era mi clamor por la verdad de Dios y la verdad de mi vida.

Desde niña escuché diferentes versiones acerca de Dios. Yo apenas tenía 13 años cuando me interesé por las Escrituras y el conocimiento de Dios. Tenía deseo de saber si podía existir el verdadero amor que nunca conocí. Todo ser humano desde niño desea profundamente recibir ese amor verdadero que empieza en el hogar con sus padres y los familiares cercanos y que luego continua como un círculo cuando encuentra una pareja y forma un nuevo hogar.

Cuando era una adolescente escuché que el verdadero amor venía de Dios, nunca entendí eso, pero me interesé en saber que tan real podía ser. No era tan fácil para mi recibir el verdadero amor de Dios, pues ni siquiera entendía sobre Dios y si El podía ser real. Así fue como me dediqué a averiguar sobre ese ser desconocido pero que ocupaba toda mi atención. Dios se convirtió en una incógnita para mí y fue cuando seguí todo los caminos que me pudieran conducir hacia ese ser desconocido. Cumplí con todas las instrucciones necesarias para poder llegar a El. Practiqué ritos, dogmas, doctrinas, hice sacrificios, silicio y puse mi servicio y talentos a la disposición de un Dios que no podía comprender. Hice tal como todos me dijeron a mi alrededor y hasta llegué a pensar que ya lo había conocido por todo lo que hacia y por seguir las reglas de la religión. Pero la realidad de mi corazón era que siempre muy dentro de mí, sentía que había un profundo vacío que no podía llenar con nada. La realidad era que seguía tan confusa y atrapada dentro de una mente que no encontraba real satisfacción. Yo deseaba encontrar algo que llenara mi ser y le diera sentido a mi vida. Yo sentía que existía una grande verdad que yo deseaba encontrar, pero no sabía como hacerlo.

Hice muchas cosas que calmaron por un tiempo la sed de mi interior; prediqué hermosos sermones, fuí una líder y hasta llegué a pensar que de esa forma iba a alcanzar ese verdadero camino hacia la respuesta anhelada de encontrar el verdadero amor y por ende el verdadero Dios.

Yo sabía que con seguir la religión que yo profesaba no era suficiente y que muy dentro de mí esta creencia que me enseñaron desde muy jovencita no llenaba mi espíritu porque sentía que existía algo más profundo que aprender. Aunque yo estaba dentro de la iglesia y creía estar en la verdad, mentalmente yo no sentía esa satisfacción. Tenía miedo de no actuar como los demas querían que yo hiciera por temor de ser rechazada por ellos. Ellos me decían que esa era la correcta manera de vivir en la verdad de Dios y entendía que si yo no obedecía a ellos, ellos me mostrarían enojo e indeferencia.

Yo solo vivía para complacer a otros dentro de la congregación y si hacia lo contrario entonces sería acusada de contrariar la fe y blasfemar contra Dios. Yo crecí con un miedo religioso que solo me ayudaba a cubrír por fuera mi apariencia, pero por dentro seguía desnuda y con frío. Yo crecí en la religión creyendo en limitaciones, diferencias, barreras implantadas por las diversas creencias y pensando que unos eran santos por sus apariencias y manera de vivir dentro de la religión y que los otros que hacían lo contrario o no se sometían a esa manera de ser; no eran de Dios, y que ellos eran una muestra para mi cuando un individuo se está alejando del verdadero camino de la verdad.

Yo también entendí mas tarde sobre otra realidad que no estaba clara en mi mente, pero en mi inconsciente esto era la realidad. Consistía en que yo estaba en la religión y seguía mi creencia al pie de la letra, simple y llanamente, claro, pero solamente para salvar mi propio pellejo. Pues claro, todos decían; que si yo no hacia tal como ellos, entonces me perdería y al infierno me iría. Me afirmaban que el infierno era un lugar de tormento, donde el fuego no se apaga jamás, ni el gusano muere jamás y allí van los desobedientes y los que no siguen la creencia al pie de la letra. Yo no quería llegar allí y vivía sometida al miedo religioso de convertirme en blasfemadora de la religión y de Dios o ser una desobediente. ¿Quién quiere ir a un lugar tan terrible como es descrito, el infierno? Yo creo que nadie.

Aunque si escuchaba a diario dentro de la iglesia, un sermón tras otro sobre el amor al prójimo como a si mismo. Yo sentía que me chocaban esas palabras bíblicas sobre amar a tu prójimo como a ti mismo y me preguntaba, ¿podría yo amar a mi prójimo como a mi misma? ¿Cómo podía amar a alguien que me hace daño o me ofende o que simplemente no quiere saber nada de mí?

La realidad es que no estaba viviendo en la verdad y que la Biblia se convertía en un espejo para mí. Sentía miedo aun de decirle al mismo Dios lo que sentía y pensaba de El, porque me habían dicho que tenía que tener mucho respeto hacia el y de como presentarme ante El. Sí, mi religión me enseñó a ver a Dios como un terrorista, como a un ser incomprensible, enojón y que podría castigarme por cualquier cosa aun por mis propios pensamientos, de tal modo que yo reprimía aun lo que pensaba de Dios. Hasta que comprendí que eso no podía continuar así, porque si Dios era así como mi religión me lo presentaba, entonces no había ningún motivo para seguirlo porque no existía mucha diferencia entre El y Lucifer.

Un día orando me atreví a decirle a Dios, con mucho temor, lo que sentía: «Señor yo siento que no te amo y que hago demasiado esfuerzo para saber de ti y esto se vuelve para mi una presión interna, siento un vacío que aunque me dicen que se llena contigo parece que no es verdad. Señor si tuvieras que sacarme a solas a un lugar donde yo salga del bullicio y solo estemos tú y yo para enseñarme, pues hazlo».

Parte de la experiencia personal

Recuerdo cuando vivía en mi país, y empecé a interesarme por todo lo que tenía que ver con el amor. Yo me comprometí en conocer todo lo que tuviera que ver con el amor, había leído que Dios es amor y que el verdadero amor era Dios e hice actividades, di sermones sobre el amor, escribí canciones, poemas, versos y todo lo hacía con gran entusiasmo sobre el amor, hasta llegué a creer que ya lo había alcanzado.

Yo sentía que amaba a todos mis amigos, destilaba amor por donde quiera que fuera, hasta me hice una líder de muchos y pensaba que ya había logrado llegar a la meta del verdadero amor. Claro; estaba en mi país, era una chica libre como el pájaro errante, entraba y salía de mi casa cuando quería, pues a nadie tenía sobre mí que me controlara.

A los 18 años de edad me independicé, trabajaba y aprendí a ser libre, a hacer lo que yo quería, pero con la diferencia que la moral y la religión eran mis guías y mis únicas fuerzas. Entendía que si me mantenía casta, pura y sin pecado con una moral intachable yo llegaría a recibir una recompensa grande de parte de Dios y me premiaría con una pareja ideal al igual que yo.

Esa mentalidad de moralidad y «santidad» me mantuvo esperando un príncipe azul y encontrar ese verdadero amor en ese príncipe. Mientras estuve viviendo en mi país me mantuve en una fantasía religiosa e ilusoria de la que mas tarde despertaría y luego descubriría la otra cara de la moneda.

Yo entendí que la moral y el buen juicio me haría una persona de bien y de respeto para la sociedad.   Lo hice así tal como la religión me indicó, el buen juicio moral me dirigió dentro de mi mente, pero aun así yo sentía que esto no era suficiente y aun el vacío seguía dentro de mí, la sed de mi alma era más y más insaciable y con nada me podía llenar. Pensé que ese vacío se podría llenar cuando lograra formar un verdadero hogar con un hombre amado y unos hijos adorados, y ese luego fue mi objetivo a alcanzar.

Mi capricho humano

Un día le dije: Dios quiero antes de amar a un hombre, amarte a ti. No sé que pedí.   Pero entendí, que no se puede amar a nadie con un amor sano y sincero, hasta que el amor de Dios no esté dentro del corazón.

Todos tenemos una fantasía de encontrar a un ser amado a quien le expresaremos nuestro amor y el nos manifieste el suyo. Soñé con un hombre perfecto y casi creo no era humano, creo que soñé con un ángel o un hombre de esos que hablan en los cuentos de niños.

Yo empecé a inquirir en mas conocimiento, tales como las maldiciones que vienen de generación en generación entre la familia. Entendía que existía un verdadero amor, que hasta llegué a creer con seguridad que todo ser humano tenía una pareja que era como su propia alma gemela o su otra media naranja. Yo quise que Dios me librara de una maldición que posiblemente me pudiera perseguir de la generación de mi familia donde la rotura del hogar existía y también la violencia doméstica.

Yo sabía también que si mi pareja no era verdaderamente como yo, de mi religión o este fuera mi verdadera alma gemela, esto podría ser como estar con una persona equivocada y por consecuencia vendría la ruptura del hogar. Soñé con un verdadero hogar que nunca tuve y lo anhelé y soñé con el amor de Dios y no quería que nadie fuera un obstáculo para alcanzar mis metas y sabía que una persona opuesta, jamás alcanzaría esos sueños de encontrar el verdadero amor y tener un hogar firme y estable, mas tarde entendí que este era el origen de mi hambre interna que tanto deseaba saciar. Yo no sabía que mi forma de pensar era el producto de mi ignorancia, una completa fantasía que escondía detrás una mente completamente ingenua y sin ningún conocimiento de la realidad de la vida.

Capítulo 2

EN LA TIERRA PROMETIDA QUE FLUYE LECHE Y MIEL

El país que fluye leche y miel

Se abrieron los mares y yo crucé en seco por la fe que si aprendí a cultivar en la palabra de Dios. Soñé con un país donde fluye leche y miel siempre supe que lo iba a pisar y a conquistar. Yo creí que en el país donde iba a vivir, me divertiría muchísimo, sin saber que Dios me traía al verdadero desierto humano que sin saber le pedí en algún momento en oración. Me trajo al lugar donde el frío es espantoso y se enfrían los sentimientos, las relaciones humanas y las mejores amistades se vuelven hielo, donde cada uno busca su propio refugio y seguridad sin importarle quien esta muriendo alrededor de dolor.

Pasaron los días, parecía como que todo era un sueño, venir a los Estados Unidos, el país de los sueños y las fantasías, DEL SUEÑO AMERICANO. Eran muchas las puertas abiertas para presentar mis talentos que creía eran una perfecta demostración del amor de Dios para mi vida, hasta pensé que estaba viviendo un verdadero sueño. Yo creía que amaba aun mas a Dios por todas esas bendiciones que recibía y sentí que todo era como un edén, un verdadero paraíso y estaba segura en lo que estaba ocurriendo conmigo a mi alrededor.

Pasaron los días, las semanas y los meses hasta que pareció que me fui a dormir y entre en una horrible pesadilla de donde no podía despertar a la realidad. Así fue como de momento todo se tornó en oscuridad, donde empecé a ver diferentes monstruos y gigantes que se levantaban de distintas maneras y que me aterrorizaban. Fue tan grande mi confusión que empecé a creer que el amor de Dios me había abandonado y que yo estaba sola sin Dios y sin nadie. Pensaba que las bendiciones del amor de Dios se revelaban en la abundancia y manifestaciones materiales.

Yo estaba muy ocupada en un afán aparentemente bueno porque eran actividades de la iglesia. Yo seguía indirectamente evadiendo y resistiéndome a un encuentro personal conmigo y Dios. Pude comprender que este país donde ahora me encontraba mantenía a muchas personas muy ocupadas y atrapadas en un afán por obtener las cosas materiales y lograr su sueño, en el cual indirectamente estaba cayendo.

Durante el tiempo que viví en mi país también supe sobre el afán, pues fue una canción que escribí e interpreté, pero que no entendía muy bien, pues por más que la cantaba no la aplicaba muy bien. Si, yo entendía que cuando estamos muy ocupados en las cosas humanas y el afán de la vida, más lejos nos sentimos en nuestros espíritus de Dios. Luego aprendí que de una u otra manera, Dios me llevaría a ese encuentro conmigo misma, a mi desierto en su momento exacto, pero no sabía en verdad que forma el usaría. Yo sabia que todo hombre tarde o temprano es llevado a esa soledad a la cual todos sentimos miedo y terror de llegar. Muchos son llevados en su niñez o juventud o si no durante la vejez. Tememos a la soledad y la evitamos lo que más podemos, huimos desesperados de ella y nos ocupamos, y si no queremos encontrarnos con nuestra soledad, con desesperación corremos hacia alguien que nos haga compañía, pues no resistimos la soledad.

La soledad es una realidad que no podemos ignorar, pues significa que solos vinimos a este mundo, que solos vivimos dentro de un cuerpo, que solos daremos cuentas a Dios de nuestros actos y que solos nos iremos al mas allá, la muerte sin la compañía aun de aquel que dice que nos quiere.

Yo no podía entender los métodos que Dios estaba tomando para atraerme hacia El. Todo parecía desvanecerse como
el humo y era como entrar a un desierto donde no veía a
nadie a mí alrededor. Me aterraba lo que me estaba pasando y solo me conformaba en recordar esos momentos gratos
que viví en mi país.

No compredía el propósito de Dios en ese entonces y me
empecé a sumergir en mis quejas y el deseo de escapar de
esa situación. Para ese entonces mi compañero era simplemente mi amigo y el único cerca de mí, que no me dejaba en
ningún momento.

Siempre tuve en mente a los hombres de Dios como Moisés y Abraham, ¿por qué ellos fueron llevados a un desierto
y por que ellos tuvieron que ser sacados de su tierra y parentela? Me parecía un enigma la vida de estos hombres y
quería entender ese mensaje que encerraba la vida de ellos.
Me hacia la misma pregunta al ver que el pueblo de Israel
fue llevado a un desierto donde caminaron errantes por tanto tiempo. Mi pregunta era entender sobre el significado
del desierto y lo que tenía que ver Dios con el. Llegué a
escribir un libro sobre el desierto y como un hombre es formado en él, por cierto, este libro lo perdí.

Dios es espíritu y por el camino del materialismo no lo
podremos encontrar. Mientras más nos envolvemos en el
afán de la vida, el apego material y la dependencia de las
cosas humanas se nos hace más difícil allegarnos a El. Creemos que estar cerca de Dios y obtener ese encuentro con El,
sucede cuando nos encontramos muy envueltos en las actividades religiosas, pero muchas veces eso también se convierte en nuestro escape del encuentro personal con nosotros mismos y con Dios.

Yo digo primero con nosotros mismos porque jamás nos
encontraremos con Dios hasta que no aprendamos a iniciar
un encuentro con nosotros mismos. No podemos comprender las cosas espirituales sin antes entender las cosas que
son terrenales y que se nos hacen más fáciles conocer por ser

relativo a la material. Lo que quiero decir es que si no me
entiendo yo misma, mi naturaleza, mi conducta, mis necesidades y como aprender a suplirlas, si no entiendo como funciona mi mundo terrenal, incluído mi prójimo; jamás podré
entender algo que no está claro en mi mente porque las cosas espirituales necesitan otra dimensión.

Capítulo 3

FRENTE A FRENTE A MI REALIDAD

Amar a Dios

Recuerdo cuando empecé a escribir mi primer libro, esto ocurrió recién llegué a los Estados Unidos. El libro se trataba del verdadero amor. Este tema nació cuando yo oraba a Dios diciéndole la verdad de mi ser, le decía: Señor casi me crie en la religión, he aprendido casi todo de la Biblia, he sido maestra de la Biblia, he guiado a otros hacia ti, pero la verdad es que en verdad yo no te amo así como lo dice en Mateo 22:37; Lucas 10:27, tampoco entiendo como seguir tus leyes de las que hablas en el Éxodo 20. «Amarás a Jehová tú Dios con toda tu mente y todo tu corazón y a tu prójimo como a ti mismo». Era algo muy incomodo de aceptar y entender. Yo sabía que no podía amar a Dios así como la Biblia me estaba diciendo. Sentía que era una maestra de la Biblia y que enseñaba a otros y predicaba buenos sermones pero sentía que había muchas lagunas dentro de mi y confusiones bíblicas. Siempre entraba al racionalismo de mi mente y pensaba.

Es muy difícil amar a un Dios que uno no puede ver, que no puede tocar y que ni aun verbalmente te puede hablar. Entendía también que aun esto era mucho más complicado, amar a una persona difícil, negativa, odiosa, que a todo le pone un pero, y lleva la contraria, volviéndose un oponente, y muchas veces un adversario o enemigo porque quieren dañar tu imagen y quieren hacer ver que ante los demás eres lo peor. Para mi no fue fácil expresarle a Dios mis verdaderos pensamientos, pues la religión me enseñó que no podía decirle nada malo que sintiera a Dios, ni mucho menos decirlo a las personas porque sería juzgada por mis palabras y luego acusada de pecado y luego me rechazarían.

Empecé a interesarme por las Escrituras Bíblicas y quise entenderlas a fondo y rogaba a Dios que me la aclarara porque me costaba entenderla. Ya no quise escuchar a nadie más que me hablara de ella, yo quise aprender de ella a través del Espíritu de la Biblia y tener un encuentro con la Palabra de Dios. Empecé a leer esos capítulos con esos temas tan difíciles de entender acerca del amor de Dios y del nacimiento en Dios y su verdad, pero esto cada día resultó como entrar a un océano y sentirme con miedo porque no podía nadar.

Las palabras de la Biblia resultaron muy duras para mi, me chocaban y mientras más me interesaba por ellas, más lejos estaba de vivirlas. También este tema me impacto en Eclesiastés 12:13 dice que: «Que el todo del hombre aquí en la tierra es: temed a Dios y guardar sus mandamientos». Así fue como quise entender el significado del temor a Dios. Yo entendí que su temor es creer que Dios es omnipresente, que El está en todo lugar y que el puede tener control sobre todas las cosas, creer que él lo hizo todo, incluyéndome a mi. Su temor nos hace comprender lo grande de su creación y la perfección de todo lo que esta hecho y que como El lo hizo todo, le era posible deshacerlo y volverlo hacer de nuevo. Hasta que entendí que existía una gran relación de este versículo con Éxodo 20 en los primeros versículos. Era lo mismo ese temor a Dios y sus mandamientos como el reconocimiento de aceptar sus consejos.

El temor a Dios

Entendí que su temor abarca el conocimiento de toda la creación, la sabiduría que nace en un hombre al entender que Dios es real, que todo lo creo, que es el dueño de la vida, que solo Él tiene control de todo, que no hay nada que se escape de sus manos y que por mas que corramos y queramos escapar de El, nadie puede escapar y que al final el nos alcanzará.

El temor a Dios simplemente significa el reconocimiento que de Dios es el gran poder y que todo esta bajo su control y no hay nada que se escape de este gran poder, reconocer que yo soy polvo, tierra, hecha de barro y que El es Espíritu y es veraz.

La vida es un misterio que no podemos entender tan fácilmente y la muerte es otro misterio que nos confunden aun más, por ser la parte oculta a nuestro entendimiento por nuestra limitación terrenal.

Los mandamientos

Luego seguí interesada en sus mandamientos y para aclarar este otro enigma mental, me fui a estudiar el libro del Éxodo 20, sobre los mandamientos o la ley de Dios. Allí fue donde pude entender primero como podría amar a Dios sobre todas las cosas y con toda mi mente y mi corazón. Separé los primeros versículos que se basan en el reconocimiento de ese poder de Dios basado en su temor. Así fue como volví nuevamente a confirmar en mi mente lo que había entendido sobre los primeros versículos. Al aceptar el poderío de Dios, valorar su grandeza, entender que nada puedo lograr sin ese poder, sin contar con su presencia que es su mismo poder que está en todo lugar, entonces es cuando le puedo amar con toda mi mente, con toda mi fuerza y todo mi corazón. Amar a Dios significa darle ese lugar, ese reconocimiento, entender mi posición delante de El, que en El habita todo y que yo sin El nada puedo lograr. Busqué asegurar que en verdad estaba entendiendo lo que estaba siendo revelado a mi mente a través de las escrituras y ahí fue cuando empecé a captar sobre el significado de amar a Dios con todo mi corazón y con toda mi mente.

El amor a Dios es un sometimiento a su grandeza, es la seguridad que se siente cuando se logra entender la posición de Dios y la posición humana. El amor de Dios se manifiesta con la paz de saber que todo está bajo control, no tengo porque preocuparme del mañana; qué comeré, qué vestiré, si viviré o moriré, porque Dios está en control y yo creo en su poder y me someto a Él y creo que todo lo que Él hace es perfecto porque es el dueño de todo, aun de mi naturaleza y todo lo que me rodea Él tiene el control. Él conoce el pasado, el presente y el futuro y nada se escapa de Él, por eso yo no tengo nada de que preocuparme porque todo esta bajo el control del omnipresente y omnisapiente.

El amor siempre se manifiesta con paz. Por eso fue que El dijo y afirmó sobre el reposo porque el reposo nos indica que hemos entrado al principio del conocimiento de Dios y que andamos en el correcto camino y que no hay nada que temer porque estamos asegurados en Dios y nuestras vidas están refugiadas en su presencia y bajo su poderío.

El amor de Dios nos lleva a un descanso mental donde lo terrenal no es de preocupación porque dependemos de lo espiritual. Ahí es cuando entonces amamos a Dios con toda nuestra mente, con todo nuestro corazón y sentiremos su reposo. Solo un día nos dio y dijo ese día es tuyo, te toca saberlo vivir. El quiso decir; que todo lo material el lo hizo, lo arregló, lo ordenó para nosotros y completó para que no nos preocupáramos por nada y nos dio un día, ese es el día eterno, donde viviremos cada vez que lleguemos confiados y seguros que ya el todo lo hizo y que yo no tengo nada de que preocuparme.

Si tememos a Dios nos mantendremos dentro de ese reposo mental, viviremos cada día como el único día, y cada afán de ese día lo llevaremos a la presencia de Dios y confiaremos que el tendrá control de nuestras vidas y todo estará bien. Ese día significa el día que mis ojos se abren a la luz del sol y se sierran a la oscuridad de la noche. Ese día completo necesito vivirlo confiada y segura en el poder de Dios. Todo está en control por Él, porque le creemos y porque con Él no hay nada que preocuparse porque El es el Mero, Mero, el que todo lo sabe.   No hay miedo a la vida y ni temor a lo desconocido.

Por lo tanto no nos importaría si nuestro enemigo es el peor de los malos o sería el mismo Lucifer, el más malo de los malos. Por nada estaremos atemorizados de cuán dificultosa condición o situación podría pasar, porque nuestra seguridad estaría en esa confianza en el dador de la vida. Es en esto en lo que consiste amar a Dios con toda la mente y con todo el corazón, por nada estéis afanoso, amar es confiar y sentirse seguro que todo esta bien porque todo esta en una mano segura de alguien que no falla y que es fiel en todo momento y que es el Omnipotente. Si no sentimos la señal del reposo interno en nuestro ser y nuestro diario vivir, esto significa que aun no estamos en el amor de Dios, ni de su temor, y que por ende andamos fuera de su verdad, de su conocimiento, perdidos en un mundo de materialismo que nos hace vivir en un lugar inseguro y confuso.

Yo no podía poner más mi fe o mi confianza en nadie aparte de Dios, pues aprendí un nuevo secreto en Dios sobre como amarlo con todo mi corazón y quise que este amor germinara en mí y quise ponerlo en práctica cada día de mi diario vivir, cada prueba diaria yo la viviría en ese gran amor. Yo entendía que el único que me podía sacar de la tierra de angustia y aflicción era solo su amor, cuando no me quedaba ninguna esperanza en nadie más y ninguna salida donde escapar.

Yo había descubierto un nuevo conocimiento pero esto no quería decir que yo ya lo sabía, ahora tenia que ponerlo en la práctica diaria y por eso tenia que superar toda las aflicciones que produce la vida material y las inseguridades que el humano vive en su mundo inestable. Ahí fui confrontada por todas las obras humanas que no nos permiten vivir en esa paz que viene del amor a Dios y ese conocimiento espiritual.

Yo sabía que me rodeaban los hombres del faraón y que frente a mi había un gran mar y estaba rodeada y no había forma por donde escapar. Así fue que me sentí rumbo a la conquista de la nueva tierra prometida. Pude ser librada por la mano de Dios de mis adversarios y todo el mal que me rodeaba humanamente hablando, pero era yo la que podía diferenciar lo material de lo espiritual y tomar mis propias decisiones porque por esa razón fue que Dios me hizo a su imagen y semejanza para que usara mi entendimiento y libre albedrío, me dio el poder de decidir y capacidad de análisis psicológico. Yo seguí corriendo rumbo al camino del desierto donde el día y la noche eran una amenaza para mi vida, en el tuve miedo de las pestilencias y la mortandad que en medio del día o la oscuridad destruyen y en donde nadie te puede ver, ni ayudar.

Mi gran necesidad de calor, abrigo y de un verdadero refugio la suplía con la palabra de consuelo que recibía dentro muy dentro de mí, proveniente de la Palabra de Dios. Sabía que a su imagen y semejanza Él me creó, en otras palabras me estaba encauzando lentamente en ese camino que me guiaba a una confianza plena en Dios.

Dios formó nuestros cuerpos con todas las herramientas necesarias para manejarlo durante nuestro tiempo en la vida terrestre. Nos dio esas herramientas terrenales para que las usemos como recursos materiales. Todos por igual poseemos un regalo precioso el cual es nuestra propia mente que nos ayuda a analizar, razonar entre el bien y el mal, nos ayuda a calcular lo menor y lo mayor y a saber lo que es conveniente o no para vivir y seguir adelante en la vida hasta que nos toque volver de donde vinimos.

A su imagen nos creó para que ninguno tengamos la excusa que no sabemos sobre el bien o el mal. Esto quiere decir que Dios no tuvo acepción de personas, para que nadie pueda decir que Dios hizo a unos más sabios y a otros más pobres de mente. Eso no es así, Dios nos dio el poder de la mente y el deseo de encontrar la verdad y no andar perdidos. Todos deseamos encontrar el bien y vivir mejor, todos tenemos la necesidad de un encuentro espiritual y por eso el ser humano de una manera u otra indaga en la religión, buscando una explicación y la llenura de un vacío dentro del ser.

Yo creía que sabía, pero mi mente necesitaba ser explotada en el conocimiento de Dios. Nuestra mente es como una bomba que necesitamos explotar, pero que confundimos cuando mezclamos lo espiritual con lo terrenal. Para poder tener un verdadero conocimiento, lo primero es separar lo material de lo espiritual y entender que estas dos son instancias completamente diferentes.

Cuando entendí que lo espiritual podía ser revelado a través de la Escrituras Bíblicas me interesé en este camino de conocimiento bíblico y creí que a través de el conocería sobre la verdad espiritual. Me di cuenta que tenía que correr a las Escrituras y cuando me interese en entender lo material me di cuenta que tenía que recurrir a los libros del conocimiento humano para poder entender los asuntos humanos. Así empecé a indagar cómo el ser humano funciona terrenalmente y cuales sus puntos débiles o fuertes.

Pude descubrir que no era solamente con la religión, con la parte espiritual que podía resolver la parte material y ahí fue cuando rechacé aplicar un conocimiento espiritual a un asunto completamente material y empecé a refutar dentro de mi muchas de esas enseñanzas a las cuales no les encontraba sentido, de esta manera fue que empecé a usar esa principal herramienta, mi mente y explotarla para un conocimiento mayor.

Durante mi prueba empecé a sentir los barrotes de la esclavitud mental y de la necesidad de ver la luz y el deseo de entender para que mis ojos se abrieran a la realidad. Comprendí que simplemente somos esclavos de nuestra propia mente que vive sumergida en la ignorancia. El niño desde que es pequeño y ya tiene uso de razón es instruido en el conocimiento, por esta razón el niño inicia la escuela y dura toda su vida yendo de un salón de clases a otro, hasta que aprende a actuar por el grado y nivel mental su alrededor.

Durante ese proceso de entendimiento comprendí que era esclava de mi propia creencia y de la confusión que esta origino en mí. No sabía diferenciar una cosa de la otra, porque todo lo que pasaba conmigo en mi mundo exterior lo evaluaba con lo que aprendí interiormente y esto me alejaba del conocimiento profundo que Dios me quería enseñar en el desierto espiritual. Cuando quería aplicar mi entendimiento humano a lo espiritual me perdía y caía en la confusión de mi mente y la desolación que se siente en el interior. cunado me perdía mentalmente veía mis pruebas y mi desierto como un castigo o que me había desviado del camino correcto y cuando ponía mi mente en mis creencias, aun mas me confundía y hasta pensaba era cierto lo que los demás me decían que era mi culpa por no seguir los pasos de la creencia.

Yo descubrí que siempre fui una esclava de mi propia creencia y que ella no me dejaba acercarme al verdadero Dios y que me mantenía en un círculo mental de donde no podía salir ni llegar a ese lugar de promesas donde la tierra fluye leche y miel y hay abundancia de pan.

Corrí en contra de la corriente. Empecé a sentir el rechazo y la contrariedad de no estar corriendo normalmente al igual que los demás. Mi creencia y en la manera que interprete mi religión me enseñó a ver a Dios y a las personas dentro de un marco del cual ellos, ni yo podíamos salir. En mi deseo mental de conocer la verdad, aprendí que para entrar a la verdad tenía que detectar todo lo que no fuera verdad, así fue como empecé a seleccionar lo que me llevara a la verdad y a rechazar todo lo que no lo fuera. Comencé a evaluar, a analizar cada pensamiento, y conducta de mi misma y de lo que me rodeaba y podía desviar de la verdad.

Empecé a practicar la honestidad y la sinceridad y a rechazar todo lo que fuera falso con apariencia de verdad y sobre todo a rechazar la hipocresía. Entendía la hipocresía como un mal que nos hacia vivir en un engaño mental y nos alejaba de la verdadera realidad de Dios, haciéndonos vivir en una fantasía de la mente. Aprendí que una forma de arrancar la hipocresía de mi era reconociéndola en mí, tenía que aprender a identificarla y a llamar las cosas tal como eran por sus nombres. Aprendí a decir las cosas como las sentía, y a no ocultar mis faltas ante mi misma y los demas.

Este acto no es fácil porque nos enfrenta a muchos obstáculos, empezando por el miedo al rechazo de aquellos que viven en un mundo donde la fantasía y el irrealismo gobiernan la mente. Yo sabía que me estaba exponiendo al desprecio de muchos y que me confrontaría con el juicio humano. Yo lo viví, fui juzgada por muchos; creyeron que hasta me había descarriado de la iglesia y que me estaba volviendo loca. Algunos de mis amigos parecían tener temor de estar muy cerca de mí, no fue fácil para mí ser yo misma y enfrentarme a mi propia falsedad humana. Entrar en un rechazo mental de la falsedad que empezaba por mi misma, me llevó a evaluar todo a mí alrededor, especialmente mi creencia, empecé a odiar los cultos religiosos, las vanas palabras repetidas cada día dentro de una congregación.

Nada de lo que ellos decían o hacían me satisfacía y entendía que era aun peor la falsedad y la mentira que vivía a mi alrededor y sentía compasión de ver a muchos con tanta necesidad de la verdad en mi misma condición de ignorancia mental que hasta empecé a sentir que no había ni siquiera un solo entendido de la verdad y del verdadero conocimiento a mi alrededor y que había tantos lideres ciegos dirigiendo a muchos ciegos a un desfiladero. Me preguntaba; si podía haber algo nuevo que realmente me llenara y que transformara mi vacío corazón, y que también saciara a otros. Sentía el dolor de la soledad y el hueco que siente la gente dentro de una congregación buscando desesperadamente como apagar esa sed tormentosa y desoladora que todos al parecer llevamos mentalmente.

Yo sentí repudio, desprecio a los cultos religiosos, tanto que sentía pavor de pisar las iglesias y donde iba parecía como si andara con un radar para evaluar si lo que decían o hacían, podía tener algo de verdad o simplemente era otra pisca religiosa. Salía de visitar iglesias con pánico y cada vez que analizaba su contenido identificaba los barrotes de esclavitud de la cual fui prisionera por años. Ahora huía de ellos. No quería que mis chiquitos aprendieran una religión vana y vacía, que convertía a las personas en esclavas y aun a mi esposo lo quise alejar de esa religión de la cual él también aprendió a ser prisionero de la ignorancia y lo alejaba del verdadero Dios.

No quise enseñar, ni hablar a nadie más acerca de mi creencia, no quise hablar de algo que en verdad no funcionaba para mi, no quería hablar de algo que pareciera como hablar de un cuento de hadas, de un cielo precioso, cuando en realidad el otro y yo vivíamos en un infierno del cual no se puede escapar con simples palabras y de una situación que solo se vive dentro del corazón, donde cada ser humano es su propio testigo en su soledad y el vacío del interior. Así me dije: no, no más engaños, yo tengo que buscar la verdad, la único que me dará la libertad y me ayudará a darle a otros verdaderos recursos que verdaderamente tenga sentido.

Esta era mi oración constantemente delante de Dios de día y de noche que yo pudiera conocer su verdadero amor: Dios muéstrame esa verdad de tu amor por el cual existen tantas confusiones en esta tierra, empezando por mi propia mente. Le dije; estoy dispuesta a que me enseñes ese amor del que habla la Biblia y si esto es real quiero experimentarlo no muerta sino en vida.   No sabía que al pedir esto, estaba haciendo un reto al mismo Dios.

No pude continuar mi escrito

Cuando yo inicié mi libro sobre el amor de Dios y tomé como base las escritura de Lucas 10:37, me quedé vacía y sin información. Cuando choque con ese capítulo, no pude seguir escribiendo hasta hoy después de más de 10 años. Cerré las paginas de aquel libro que empecé a escribir y ya no supe mas de el. Sentía que no podía escribir de algo que aun no podía entender y de lo cual me hacia tantas preguntas. Tenía ese entusiasmo que había traído de mi país, en mi ignorancia pero que no estaba lista para hablar de eso en un libro, sin entender el trasfondo que se escondía dentro de mi deseo de un entendimiento mayor.

En mi tierra yo aprendí amar a muchos y ser amada y admirada por mi carisma y la facilidad de sonreír y de interactuar con los demás. Pues cuando todas las cosas están bien para nosotros es fácil manejar el humor y sentirnos bien porque nada va en contra de nuestro carácter. Fue fácil mostrar un amor condicionado por el lugar, las personas, el tiempo y las circunstancias. Yo formé mi propio castillo, mi propia torre de Babel, mi propio nombre sin que nadie se interpusiera en mi camino, con mi astucia mental y capacidad de manejar mi mente esto fue fácil.

En mi país yo me hice experta en evitar a los malos, los que me podían hacer daño, a los que no les gustaba como yo era, ellos se lo perdían, y era fácil para mí evitarlos y seguir andando y buscar solo a esos que si me mostraban cariño y me aceptaban tal como era. Fue fácil para mí amar cuando yo fui correspondida por la mayoría de personas, empezando por el líder principal y otros grandes de la congregación que eran mi más importante apoyo, respaldo y con quien podía en cualquier momento contar. Así no podía percibir bien ese vacío que estaba latente dentro de mi que solo sentía cada vez que me encontraba a solas conmigo misma.

Capítulo 4

LOS GIGANTES VS LOS MONSTRUOS EN LA TIERRA QUE FLUYE LECHE Y MIEL

Los gigantes

Seguí investigando y tratando de entender las cosas a mí alrededor al igual que estaba evaluando mi interior. En esa búsqueda de la verdad y del rechazo a toda falsedad que me pudiera desviar del camino exacto. Así fue como pude comprender que la nueva tierra donde me encontraba estaba rodeada de gigantes que gobernaban y mantenían a muchos en esclavitud mental, emocional, física y espiritual.

El gigante religioso

Lo primero que descubrí fue el gigante religioso, porque este era el ambiente en el cual me desenvolvía. Este monstruo era como vestido de ropas blancas y con apariencia de piedad pero que encarcelaba a las personas volviéndolas apáticas, juzgadoras, acusadoras, prejuiciosas, limitadas, condenadoras, sin piedad, sin verdad y lo peor sin la chispa del amor de Dios. Me envolví en la parte contraria de la religión donde la gente era aceptada por su apariencia y su supuesto sometimiento a un dogma Yo tuve gran temor de ser destruida por este monstruo religioso y corrí lo mas lejos que pude de el.

Empecé a analizar la función de este gigante dentro de los centros religiosos que mayormente frecuentaba. Las personas que llegan allí, desesperadas, buscando llenar un gran vacío espiritual, reposo y claridad mental para soportar tanto dolor y conflicto en que viven.   Ellos entran a esos lugares con la única esperanza que serán rescatados.   Este gigante aparentemente es bueno y en el momento pareciera amable hasta que luego abre sus garras enseñando a la gente a vivir en una fantasía mental, donde solo se sienten a salvo dentro de las cuatro paredes del templo y una vez que salen de allí, sienten terror de enfrentar el mundo, pareciera como si fueran guiados por vanas palabrerías no por obras.   Las personas se mantienen envueltas en una fantasía de alivio momentáneo, esto se convierte en un simple calmante o píldora temporal.   La gente caen en una amenaza religiosa donde pareciera que si dejaran el templo y sus dogmas, entonces se perderán y sus vidas estarán a merced de Lucifer.

Muchas veces pareciera como si las personas tuvieran que pagar por un asiento y si dejaran de pagar, ya no serían considerados parte de esa congregación, poniéndolos a un lado. Visitan una vez por semana y dependiendo cuan bueno, variado sea el programa o lo bien preparados que estén los presentadores y actores del día pues quizás vuelvan otro día.   Las personas caen en un ambiente completamente vano y rutinario, donde al final muchos ya no desean retornar, declarando mental y espiritualmente que ni aun Dios en sus males los puede ayudar.

Dentro de muchos de estos centros, no hay un trabajo personal como fue ordenado el de ir y hacer discípulos, no existe un compañerismo como ese compañerismo que Cristo mostró cuando buscó a doce hombres para unirlos y hacer de ellos uno solo.   Las personas vienen a un culto rutinario casi siempre los domingos a cantar el mismo corito de alivio momentáneo y ver el mismo grupo que se lleva el espectáculo. Las personas salen de allí, muchas veces aliviadas, pero muchas veces retornan a su mismo estado de dolor y quebranto del cual venían.   La religión se torna en una droga momentánea y cuando se vuelve a la realidad del hogar y del diario vivir las personas no pueden funcionar como un ser humano que puede manejar las situaciones terrenales de su mundo. A las personas se les enseña a manejar su mundo material con las cosas espirituales y las personas se confunden sin saber como usar esas armas espirituales en un mundo que supuestamente hay que enfrentarlo con armas concretas de la tierra.

En el ambiente que me desenvolví vi muy pocos líderes religiosos preparados para trabajar con los problemas psicológicos de las personas que están destruidas por la realidad de la vida, solitarias, y golpeadas por un ambiente que ellos no saben manejar.

Las personas con problemas en la mayoría de las veces son marginadas y culpadas por sus propios males, y otras veces son por su propios pecados y las aíslan por incorregibles y las tildan de personas esclavizadas por el maligno, haciéndolas sentir culpables. Las personas pasan tiempo dentro de un servicio entretenidos en una simple repetición, donde solo parece existir un entretenimiento sin recibir nada a cambio.

Muchas veces los individuos dentro de una congregación están sufriendo de problemas depresivos y tienen que buscar ayuda psicológica fuera porque no hay dentro no están preparados, no tienen el conocimiento para identificar la diferencia que existe entre el hambre física y el hambre emocional y espiritual.

Los matrimonios y los hogares se destruyen dentro de las mismas congregaciones sin esperanza como si no existiera una respuesta para eso. Estos lugares dicen tener la vedad y el amor de Dios pero pareciera como si esa verdad no funciona para mantener buenos matrimonios, hogares y mucho menos las relaciones humanas.

Muchas veces se predica una fantasía religiosa que en la práctica no tiene efecto; pareciera como si esas palabras bíblicas no fueran entendidas, cuando dice: Denle vosotros de comer. La multitud ya escuchó la Palabra de Dios, ahora ellos tienen hambre física y necesitan que los discípulos vallan a ellos y le dan de comer. Los discípulos querían que

Jesús despachara la multitud con hambre y Jesús les mandó a darle primero algo de comer. Jesús no solo sació la sed y el hambre espiritual, también sació el hambre física. Ellos pusieron excusa y dijeron: Solo hay tres pescados y tres panes.

Me di cuenta que este monstruo religioso no daba nada, solo quitaba a sus feligreses y les enseñaba a solo depender de las migajas que les ofrece un simple servicio religioso.

Vi cómo este monstruo religioso enseñaba a sus feligreses a crear divisiones entre grupitos, separándolos unos de otros por competencia de diversidades, donde unos eran de Pedro y otros eran de Pablo. También veía las barreras entre los individuos y sus pleitos por alcanzar un lugar y llegar antes que otros, convirtiéndolos en zombis, personas manipuladoras y muy frágiles que deben ser tratadas con mucha delicadeza porque facilmente se rompen. Este monstruo religioso vuelve a sus creyentes pobres, débiles, atormentados, vacíos y la mayoría de las veces separa al individuo de sus propios familiares y amigos por temor a contaminarse o ser arrastrado por ellos.

La religión muchas veces ayuda a la persona a reducir el dolor momentáneo de la necesidad, y de ese vacío interno, cuando no podemos comprender el verdadero significado de Dios, de su amor y las Escrituras erramos en nuestra propia mente y confundimos nuestras necesidades humanas con las necesidades espirituales. Así es cuando llenamos nuestras necesidades humanas queriendo pretender resolver las espirituales.

Es cierto que el vacío interno jamás se podrá llenar sin el conocimiento del verdadero amor de Dios, como jamás podremos resolver este vacío sin entender como llenarlo. Mientras vivimos en un mundo terrenal, siendo barro, con una personalidad propia, necesitamos entender como funciona este barro, cuáles son sus necesidades y como se suplen.

Yo considero que la religión puede ayudar a muchos a mantenerse calmados por un tiempo, pero también entiendo que detrás de las Escrituras esta otra parte del humano que es la espiritual y se puede saciar. El camino para alcanzar este entendimiento es muy sacrificado, es una lucha diaria con la realidad y la verdad de nuestro diario vivir.

El ser humano tiene una sed espiritual que desea saciar y es por esto que busca en alguna creencia, sea cual sea su nombre, satisfacer esta sed del alma.

El gigante del materialismo

Notéque todo lo material alrededor de mi empezó a desaparecer poco a poco así como se esfuma el humo y aun mi propia destreza, mi gracia, mi carisma ya no eran suficientes, y mis propios talentos no pude ejercerlos mas porque sentía que no eran suficientes para vencer tanta indiferencia alrededor mío. Para alcanzar un entendimiento espiritual es muy importante comprender que nuestra dependencia de las cosas humanas nos limita el discernimiento de las cosas espirituales.

Me di cuanta que un monstruo de vanidad y materialismo se levantaba aun dentro de la iglesia y moraba como algo normal y sin importancia. El materialismo mantiene a las personas ocupadas en su mundo de apariencia, donde lo que brilla humanamente es lo que vale, donde no se valoran las cosas a nivel espiritual sino material, donde no se diferencia una cosa de la otra, donde a lo bueno se le llama malo y a lo malo bueno, porque no hay un conocimiento de lo genuino. Las personas a las cuales les gusta brillar ante otros, esas son las que se quedan con la atención de los demás y obtienen ventaja.

Los que se dedicaban a suplir sus necesidades humanas, al afán de ser el mejor entre los demás, a destacarse, a sobresalir con sus discursos, ellos lograban la mayor parte. El materialismo lleva a la persona a concentrarse solo en una sed humana, material, la se de ser reconocido, aceptado entre la gente, las sed de llenar esas necesidades humanas que desde niño nunca pudo llenar.

Yo llegué a este país con una idea muy por fuera de la verdadera realidad; traje mi talento del cántico, la enseñanza y la exposición de la Palabra de Dios, pero cuando me di cuenta de la competencia y la rivalidad que existía; me hice a un lado porque mi sencillez no era suficiente ante un panorama de tanta demanda de brillo humano, donde el deseo de vender un disco y poner un nombre en la torre de Babel era lo primordial.

Esto fue como pelear sola contra un monstruo invisible y que nadie mas podía ver solo yo, y del cual nadie me podía librar. Se intensificó mi tortura porque dejé los únicos recursos económicos que tenía cuando abandoné mis talentos. Yo experimenté el dolor de ser mirada con indiferencia, simplemente por no seguir el ritmo de los demas, fui llamada la llanera solitaria y la que a ningun lado podría llegar.

No podía aceptar el engaño y la falsedad espiritual, no podía correr al mismo ritmo del materialismo y vanidad que me rodeaban. Se me apagó la voz y ya no sentía un cántico nuevo en mi interior, me dolía saber que no podía aplicar más mis talentos y que algo debería aprender de esa situación, tan difícil entender.

El gigante del rechazo

Sentí como otro monstruo se levantaba contra mí rechazándome porque no seguía el sendero de los demás.

Experimenté el amargo sabor del desprecio y el terror de estar sola con migo, en un país extraño donde no podía contar con algún familiar o ser humano que sintiera verdadero amor por mí. Llegué a pensar que lo que me estaba pasando era solo y que quizás me había alejado del plan de Dios o de su voluntad, y empecé a sentirme culpable.

Sabía que estaba caminando por un camino muy solitario, oscuro, donde no existía un consejo pastoral, ni ministrarían y que no contaba con nadie de la iglesia porque ni la confidencialidad era garantizada.

Aprendí a rechazar todo lo que no se veía correcto, verdadero y sentí repeler ese evangelio que los hombres de aquí me decían era la verdad.

Por esta razón decidí prepararme para ayudar y restaurar a las vidas caídas y heridas por la epidemia espiritual en la nación. Me sumergí en el campo del conocimiento, me enfrenté a la peor barrera que tenía al frente; mi desconocimiento del idioma.

Varias universidades declinaron mi solicitud simplemente por mi status social y racial, por ser una latina, por haber cursado el bachillerato en un colegio de latinos, como se dice en inglés, por mi trasfondo social. Pero no me di por vencida aun cuando era consciente de mis limitaciones humanas y del rechazo. Ahora sabía que no podía mezclar la leche con la magnesia, ni confundir el hambre física con el hambre espiritual. Quise tomar cualquier arma que fuera necesaria para confrontar el gigante de la depresión y la humillación que representaba aquel coloso que humillaba al pueblo de David. Yo sabía que con la piedrecita y una simple honda algo bueno y grande iba a lograr alcanzar. Necesitaba entender la parte terrenal, la conducta del ser humano y tenía que buscar más información para saber poner cada cosa en su lugar. Sabía que David tuvo que aprender a usar la onda y a crear una practica humana diaria hasta lograr perfección con ella, no era suficiente la fe en Dios, el necesitaba de la practica aunque fuera sencilla, para poder derribar al gigante Goliat.

Sabía que tantos prejuicios sociales, raciales no se podían vencer con palabrerías sin fundamentos y que la ignorancia era el mal que azotaba a mi pueblo en el presente al igual que azotó al pueblo de Dios en la antigüedad.

El gigante del racismo

Nunca había experimentado el dolor que se siente al ser rechazado solo porque venía de un país diferente, por el color de la piel, por la estatura, por la raza, o porque simplemente hablaba otra lengua. Fui llamada la extrajera o simplemente la esa de ese país. También me veían insignificante tan solo por ser de esta raza y cultura. Tuve varios apelativos; la sin nadie, la sola: la sin familia, pues me encontraba viviendo en una lugar como extranjera sin familiares a mi alrededor y eso que estaba viviendo entre supuestos amigos de la religión. Experimenté la burla simplemente por no saber una sola palabra en inglés.

El pueblo de Israel fue rechazado por ser extranjero y repudiado por ser de una nación diferente. Ellos solo buscaban ser aceptados tal cuales eran. Yo no conocí ese monstruo del racismo hasta que llegué a este país, quizás esto también existió allá en mi país pero para mi no fue tan notable como aquí. Estados Unidos es la sede de todas la naciones juntas, aquí vienen todas las personas buscando lograr un mismo sueño americano de triunfo y logro. Me di cuenta que por donde quiera que yo iba el monstruo del racismo buscaba a alguien para devorarlo.

El racismo es una muestra de la más grande falta del amor de Dios en esos corazones que puede agobiar a una nación casi de manera general. El racismo se viste de menosprecio, de rechazo, de opresión y desamor, por él, las personas son marginadas y dejadas de lado como si fueran una vergüenza para otros. Me di cuenta que entre más quise sentir el amor de Dios y estar más cerca de Él, más lejos lo sentía en este país donde fluye tanta abundancia para todos, y parecía como si Dios estuviera a millas de distancia de mi. A través del racismo pude comprender que esto no era un mal que solo abarcaba a dos o a un pequeño grupo, si no a una nación entera.

Pude sentir las garras del racismo y el dolor que produce su desprecio. Las personas influenciadas por este monstruo actúan como si solo ellas y su raza fueran las mejores, los merecedores de los beneficios de la tierra. Son muy posesivos con lo que poseen y no aceptan a otra raza comiendo en el mismo plato de ellos, al lado de ellos. Actúan como los mejores, los merecedores y no recuerdan que un mismo suceso ocurre tanto para el pobre, como para el rico, sucede para todos los seres humanos, que todos nacemos, vivimos y morimos, y que solo existen dos formas de nacer; una por cesárea y la otra por parto normal, y además solo conocemos una manera hasta ahora por la cual todos los seres humanos son concebidos; a través del contacto sexual. Que si nos revisan por dentro, poseemos un líquido que tiene el mismo color y las mismas cualidades y nuestro organismo ejerce la misma función y finalmente lo más importante, todos morimos.

El gigante de la depresión

Algunas personas caen en una forma de vida en la cual las relaciones humanas, el cariño, la expresión de los sentimientos son completamente ignorados. Las personas caen en una necesidad de acumular bienes, de suplir esa demanda social y llenar luego ese vacío que les queda con cualquier cosa que parezca que lo puede llenar.

El ser humano por naturaleza busca satisfacer sus necesidades: fisiológica, de seguridad, de estar en un lugar fuera de peligro y de amenaza; necesidad de ser aceptado tal cual es, chiquito, feo, lindo, alto, etc.; necesidad de tener una estima propia, de ser aceptado por y valorado por sí mismo y la necesidad de conocer y entender quien es él al mundo que le rodea. Cuando el humano no siente que estas necesidades son saciadas siente un gran vacío y esto se convierte en hambre interna y falta de realización. El individuo hace todo lo que está a su alcance para lograr suplir estas necesidades que muchas veces desde niño no ha podido llenar.

El hambre física, la escasez material, la falta de seguridad, quizás viviendo en un hogar de violencia y conflictos, la falta de amor, de ser aceptado por su padre o madre porque quizás lo que vivió fue el abandono y el desprecio; la falta de estima propia, sintiéndose con un concepto bajo de si mismo y de los demás y finalmente sin crecimiento mental. Oscurecido dentro su entendimiento y sin esperanza porque aunque intenta satisfacer estas necesidades no puede y es cuando el individuo cae en depresión, en una desolación y penumbra mental.

Así es como se mezclan las necesidades humanas con las espirituales y se genera en el individuo una mayor desesperación interna. En el huerto del Edén Adán y Eva perdieron su seguridad espiritual. Cuando intentas por todos los medios alcanzar esta estabilidad, acudes quizás a tu última esperanza que es la espiritual y te das cuenta lo difícil que es confrontar las necesidades humanas con la fantasía espiritual de la imaginación en un futuro que aun no llega. Muchos individuos se dan por vencidos pensando que nadie los puede ayudar y que no hay solución para sus vidas.

Las personas caen en un desierto de soledad sin entender que detrás de esa situación hay un plan divino y especial. El propósito del encuentro personal, un encuentro con uno mismo. La ignorancia en la cual vivimos nos hace despreciar este proceso y pensamos que nos encontramos solos en el peor momento de nuestra vida. Nos sentimos despreciados y olvidados en un desierto de confusión mental. Ahí es cuando el gigante de la depresión abre su gran boca, se traga a las personas y las lleva a un abismo de donde creen no saldrán jamás.

Las personas que no entienden el proceso de prueba, miran este tiempo como un gran mal sobre ellos y en ellos. Este monstruo de la depresión mantiene a muchos en prisiones y en el frio del abandono por ellos mismo y todos los demas. Este principado de la depresión sumerge a las personas en la indiferencia, la apatía, la opresión, sin la esperanza que un Dios le podría ayudar. No le es posible concebir que existe el verdadero amor. La depresión hace que la persona piense que no nació para amar, ni ser amado, encarcelándose en la soledad de su mente y en los barrotes internos creados por la confusión y oscuridad de su pensamiento.

Las personas que caen en depresión no le encuentran razón a la vida, no entienden porque han venido a un mundo donde solo existe el dolor y el quebranto. Ellos nunca conocieron el amor desde niños y sus necesidades humanas han estado sin resolver, y es duro para ellos creer en un Dios que no ven y su realidad le dice que en sus vidas solo existe lo malo y el mal ha estado a su lado.

Mientras estuve analizando este gigante de la depresión, comprendí que para poder entender la necesidad humana, era necesario primero conocer el funcionamiento del ser humano, la realidad del cuerpo físico que no podemos menospreciar, la complejidad que envuelve la naturaleza humana. Por lo tanto, este gigante no se confrontaba sin el conocimiento de cómo este funciona y de cuál punto se vale para someter a sus victimas.

Vuelvo y repito necesitamos separar la necesidad humana de la necesidad espiritual. Si logramos entender el juego de este gigante, podremos ayudar a rescatar al prójimo de este gran monstruo. Saber es poder, nos ayuda a manejar mejor las cosas que nos confunden y nos hacen sentir perdidos mentalmente.

Capítulo 5

EL VALLE DE LA MUERTE

Muchos eran Los heridos

Mantuve una actitud receptiva, pronto empecé a analizar y escuchar a otros que estaban viviendo aterrorizados por los gigantes que existen en la nación y que al igual que yo deseaban un rescate, una esperanza de alguien que los salvara. Así escuchaba las quejas por doquier, no solo en la iglesia, eran generales.

Comprendí que en el momento de mi transito por el camino de oscuridad y de soledad, yo no había visto la situación de otros hasta que empecé a interesarme en escuchar los gritos y la desesperación de los demas. Vi la soledad en que muchos Vivían, cómo eran olvidados por sus seres amados, especialmente las personas ancianas, completamente solos sin los amores eros y filial, solamente a la merced del amor de Dios. Me conmovió una madre que había sido olvidada por la hija preferida con quien había perdido contacto por más de 17 años y otra que su hija vivía en la misma cuidad pero nunca tenía tiempo para visitar a su madre, pasaron más de 10 años sin saber de ella o hacerle una llamada para alguna ocasión especial.

Vidas atrapadas por el gigante del materialismo, donde el valor a las cosas humanas es más importante, donde el placer y los logros materiales están en el primer lugar sin recordar el sacrificio de esos seres amados que dejaron muchas veces de comer ellos para saciar el hambre de sus hijos. Yo me dediqué a escuchar historia tras otra, cada vez más dolorosas. Mi objetivo era entender y ayudar a los heridos de la nación sin acepción de personas y sin importar cual fuera la situación. Yo sabía que había caído en el valle de los huesos secos, el valle de sombra y de muerte y que era mucha la necesidad. Ahí fue cuando empecé a entender que esto era algo más que casualidad, que esto era un plan y voluntad divina y que mis muchos ruegos por la verdad eran contestados. Entendí que por aquel valle de dolor era que Dios quería que entrara para poder llevar una palabra de verdad y consuelo a los que están dentro del valle de sombra y de muerte.

Este es el país de los sueños, donde casi todas las personas viven en un afán por conseguir algo material y donde parece que la amistad y el amor no tienen valor. Entender que había caído dentro de un cementerio en donde solo existían sepulcros y donde no habían almas, donde muchos estaban ya muertos y no existía el calor humano, la fraternidad, ni mucho menos el compañerismo. Sí, sentí miedo cuando vislumbré lo que me estaba pasando y recordé a un profeta en la Biblia que había sido llevado a un valle de huesos secos y le fue pedido que profetizara sobre esos huesos. Que dijera la palabra de vida para que esos huesos secos recobraran vida, que profetizara desde los cuatros vientos del norte, del sur, del este y oeste para que ellos revivieran.

Ahora yo necesitaba entender esa palabra de vida y cómo y cuándo hablarla, sentí que yo podía ser esa profeta y que así como él fue llevado a ese valle de huesos secos, ahora este podía ser mi turno. Cobré un poco de aliento con la experiencia de ese profeta. Empecé a entender algo de lo que Dios me quería enseñar. Entender no es fácil y toda sabiduría implica cansancio y quebranto y humanamente el conocimiento turba y produce temor de perderse de la realidad o simplemente de llegar a la locura.

Vi que muchos eran los heridos en el camino y muchos otros ya estaban a punto de morir, por lo tanto esto no era una cuestión de aplicar una rutina religiosa si no de una verdadera acción. Yo iba a necesitar materiales humanos porque el prejuicio racial y social eran demasiado grandes y abarcaban a toda una nación.

Pensaba en el salmo de David que decía: «aunque pase por el valle de sombra y de muerte no temeré mal alguno», así era mi valle y así me sentí. Cuando reconocí que estaba en ese valle y que el propósito era llevarme al conocimiento que habían otros, que ellos no podían ser ignorados y mantenidos en sombras, que había que traerle a ellos la luz y la esperanza y que había que darles alimentos a esos que estaban encarcelados en el valle de la sombra y de la muerte. (Salmo 23:4)

Mi sueño me ayudó a no desmayar

Durante el proceso de aprendizaje, me sentí sola y con miedo de no poder seguir adelante, era como correr en contra de la rivera. Era más fácil entregarse al ritmo de este mundo que ir en contra. Pero me ayudó un sueño que tuve cuando tenía siete años de edad y para ese entonces no sabía que existía este personaje que describo a continuación.

Soñé que iba por un camino perdida sin nadie a mi lado. Iba llorando y al final del vi que el sendero se dividía en dos y sentí mucho miedo. Cuando me aproximaba a la división del camino alcancé a mirar una persona sentada en la cera del camino de la derecha. Era una persona tan extraña que no diferenciaba si era mujer o varón. Sus ropas eran blancas y vestía un traje largo con un cinto dorado en su cintura, su cabello era largo y tenía barbas y bigotes, creí que era una mujer por la ropa y su cabello largo, y hombre porque tenía barbas y bigotes. No identifiqué a ese personaje, pero pensé: «Cuando le pase por el frente lo ignoraré y seguiré andando pues me parece muy extraño». Creí que era preferible para mi seguir el camino de la izquierda, pues era ancho y no tenía ningún arbusto, el del lado derecho estaba lleno de árboles y bosques y para mi esa visión era tenebrosa porque siempre tuve miedo de andar bajos los árboles (sé que en los arbustos se resguardan algunas culebras y otros animales). Siempre he temido a cualquier animalito por más pequeño que sea y jamás iba a entrar a un lugar boscoso y menos andando sola. Cuando pase frente a aquel personaje, el me habló, entendí que se trataba de un hombre por su timbre de voz. El me dijo: «Te he estado esperando.» Cuando quise voltear mi cara para verlo, él se levantó y agarró mi mano derecha y me dijo: «ya no estarás mas sola» «Yo te llevaré a mi casa» En mis pensamientos quise saber donde era su casa. El me respondió diciendo: «Mi casa está detrás de los arbustos» Intente mirarlo de frente pero no podía y fue cuando el me dijo: «Solamente mira hacia el frente y no voltees a mirarme». Cuando miré hacia el frente como el me dijo y con curiosidad quise ver detrás de los arbustos, fue cuando alcancé a mirar la cúspide de un castillo al final del bosque.

El mal existe dondequiera

No quiero decir que vengo de un lugar perfecto, claro que no. Pues vine de un lugar donde reina la pobreza y esta invita al pobre a crear ilusiones, donde la única esperanza del pobre es soñar y vivir de la fantasía de la mente. Yo provengo de un hogar roto, sé del dolor de no tener un hogar estable, donde hay necesidades tanto físicas, materiales, como espirituales. Pero en el cual puedo decir que aunque falte una cosa de un lado es fácil sustituirla por otra o completarla por el otro lado.

En otras palabras; si no tenías una madre a tu lado, era fácil encontrar una gran amiga que hiciera este papel de madre. Si no tienes un padre, encuentras a un pastor que hace ese papel de buen padre y si te falta un hermano o una hermana puedes conseguir estos en tus amigos.

Para ese entonces todavía existía en mi país un ambiente sano. Sí, se sufre allá como en todos los lugares donde existe tanta pobreza, pero que existen muchas medicinas que alivian el dolor y el sufrimiento humano. Yo disfruté el amor tierno y puro entre mis amigos, y mi mente no estaba tan

abierta a la maldad. Mis amigos me hacían sentir muy especial, tenía de donde agarrar para matar el aburrimiento y las
penas. Pero esto no significaba que hubiera alcanzado el
conocimiento sobre el amor de Dios que luego pude entender en la tierra del desierto espiritual.

Durante el tiempo de dolor que vive casi soy arrastrada a
lo más profundo del abismo por todos los gigantes de opresión que viven dentro de este valle de sombra y de muerte y
del terror nocturno. Pues la falta de conocimiento y entender lo que me estaba pasando y a donde había caído, me
turbó y me hizo sentir perdida y con temor, sentí miedo y
aunque me repetía las palabras de David: «No temeré mal
alguno»; Era fuerte el pánico en ese camino oscuro y sin salida. Yo sentí el terror de ver que eran muchos los atrapados y que pensaban que no podrían salir de allí jamás. Esta
situación hace sentir a las personas mentalmente encarcela-
das, mendigos del amor y sin esperanza de amar y ser amado. En ese valle no se ve a nadie, no hay amigos, solo se
escuchan las quejas de algunos que aun tienen esperanza de
ser rescatados.

Repito, el ser humano se deprime cuando busca saciar su
necesidad de amor y no lo puede encontrar. Cuando desde
pequeño has sido maltratado, depreciado dentro de la familia y luego dentro de la pareja, la persona pierde la esperanza y desde ese momento cae en ese abismo del valle de la
sombra de muerte. El ser humano no sabe como amar y ahí
radica su malestar y confusión. El ser humano siente que
arrastra un gran vacío toda su vida, es miserable y por más
esfuerzo que hace por llenar ese sentimiento no lo puede
lograr, dándose así por vencido en su dolor. Ahí es cuando
mueren en el valle de la desolación y de la muerte espiritual
porque nunca pudieron descubrir la fuente del verdadero
amor.

Ahora entiendo Isaías 61:1-2 cuando el mismo Dios dice:
«Me has ungido para libertar al oprimido, abrir las cárceles
de los presos, a vendar las heridas, a proclamar el año agra-
dable de la voluntad de Dios». Su amor es la única unción

que necesitamos de su Santo Espíritu, que nos envíe a los que están en prisiones espirituales y aquellos que están encarcelados tanto espiritual como físicamente.

Uno de los conflictos mayores en el ser humano es la falta de entendimiento y el no saber manejarse así mismo y mucho menos su ambiente exterior. Las personas caen en lagunas internas, corriendo de un lugar a otro en una mente oscura, perdida sin saber que camino correcto escoger. El humano siente la necesidad espiritual pero se confunde y finalmente es atrapado por un mundo irreal.

Muchas veces el ser humano necesita buscar un aliciente que le ayude a calmar su sed y su dolor interno, busca alivio en las drogas y químicos que le calmen su mal aunque sea por un momento, porque el no encuentra otra manera de escape. Es más fácil salir de la realidad que enfrentarla porque para confrontar la realidad se necesitan buenas armas. Muchos corren a la religión y se acomodan allí, en un espacio seguro al menos para él y los suyos, sin pensar en nadie mas, convirtiéndose en personas egocéntricas, egoístas y caprichosas, celosas, codiciosas y cuidadosas de su supuesta estabilidad.

Capítulo 6

LOS TRES AMORES

Aprendí a identificarlos

Mientras estuve en mi país me dedique a conocer sobre el amor y descubrir que existían tres tipos de amores de los cuales quise entender claramente sus diferencias. Yo sabía que existían dos tipos de amores terrenales y uno era el amor espiritual. El primer amor eros que existe entre dos personas que sienten la necesidad de compartir juntos, de brindarse ternura, cariño, placer y de multiplicarse cual este empezó en el huerto del Edén con Adán y Eva. Luego el Amor filial, el amor de la familia y amigos que se manifiesta cuando Adán y Eva tienen sus hijos y llenan la tierra.

El humano busca satisfacer un amor terrenal que es como una necesidad física, como sentir un hambre física y cuando esto no se satisface el ser humano tiende a sentir la debilidad y la necesidad en su propio cuerpo. El humano necesita sentir la seguridad de un hogar, de un refugio seguro, de compañerismo y la protección, el apoyo de otros. Este sentir es el que le da seguridad de vida y de duración en la tierra, porque si el barro se mantiene junto persevera pero si se esparce se desintegra y desaparece como el polvo y el viento se lo lleva. Cuando el barro se junta y se mezcla significa una fuerza, por ejemplo; dos hacen una fuerza, un hombre y una mujer dan una fuerza y cuando tienen familia tienen una fuerza aun mayor de mantener el barro junto y evitar la extinción de la raza humana. Cuando quise llegar a entender sobre el amor ágape que viene de Dios, fue muy difícil para mí y simplemente lo aplicaba a nivel religioso, vano y lo confundía con el amor filial y luego llegue a buscarlo en el amor eros.

Esto se volvió para mi una perfecta confusión y como la madre de todos los rompecabezas y cada pieza como las más difícil de encontrar. Escribí canciones sobre este tema. Hice muchas actividades que hablaron del amor y llegué a dedicar mi tiempo para crear cosas que les pudieran mostrar a otros el amor. De alguna manera entendía que el amor fileos y el eros, si no estaban arropados por el amor ágape; estos amores serían vanos y perjudiciales, pues Caín mató a Abel.

El amor eros entre un hombre y una mujer

Dios le dijo Adán en el libro de Génesis: «Te unirás a tu mujer y ambos serán una sola carne».

«Y vio Dios que el hombre estaba solo, y que todos los animalitos que eran cuidados por Adán estaban acompañados, así fue cuando Dios formó una mujer y del propio cuerpo de Adán sacó un miembro que lo compartió con ese nuevo cuerpo».

Es un misterio cuando Dios duerme al hombre y de su costado toma algo para así crearle a la mujer. En otras palabras; Dios dividió en dos el corazón de Adán para poner una mitad en el cuerpo de aquella mujer y así también recibiera la vida. El hombre quedó con el convencimiento de que el corazón completo le perteneció primero a él y luego que a través de la unión con su mujer allí el lo haría uno nuevamente.

El suceso del Edén

El hombre siempre siente la necesidad de unirse a una mujer para poder sentir su corazón completo dentro de él. El hombre tiene más fuerza, la mujer es más débil pues recibió la parte más débil del corazón. El hombre tiende a buscar completar su corazón con la mujer que posea esa otra parte que de él fue tomada, así es que él la busca y la toma; mientras que la mujer necesita ser guiada e instruida por el hombre. El hombre recibió al principio de su creación un corazón completo que fue separado en dos partes cuando entró la mujer en escena.

Cuando Dios hace aquella operación, sopla nuevamente de su aliento, de su electricidad, de su espíritu y conecta a través de las células y los átomos del cuerpo los componentes del cuerpo y le da vida y una función a todo el organismo. Ahora el hombre sabía que algo pasó y lo comprobó cuando vio aquel otro cuerpo y en ese cuerpo buscó lo que le estaba faltando.

El hombre

El principal humano de la creación, el primero que recibió un órgano completo llamado corazón. El hombre representa el principio, la autoridad de Dios, la parte espiritual, donde hay un contacto directo con Dios. El es el primero que conoció su mundo, a él se le dio autoridad sobre los otros seres vivientes como eran los animales y todas bestias del campo. El aprendió a manejar su mundo y a ver esto como parte de su diario entretenimiento y deleite. El comía de la tierra para mantener en ese corazón la fluidez de la vida, la sangre. Cuando Dios crea al hombre no piensa en la mujer, pues el hombre representa su imagen y en su reino nunca se menciona que el estuviera acompañado por una mujer, ni que una mujer fuera tan importante en el papel de la creación. Adán ya había sido enseñado por Dios y conocía una gran parte de las cosas a su alrededor, Ahora la tarea de Adán era enseñar a la mujer porque la mujer no tenía ningún conocimiento de ese mundo y todo para ella era desconocido. El hombre mantiene una posición de conocimiento y de un diálogo cerrado con la mujer, no de aprender de una mujer, porque su papel era de enseñar a la mujer sobre su alrededor, mientras que la mujer estaba abierta para entender y conocer algo nuevo de su mundo. Los hombres odian que una mujer los enseñe y los guie, por lo general la mujer fue programada a no enseñar, solo a escuchar y ser tenida por el hombre como una segunda opinión. Pero la mujer tiene una mente abierta a la realidad de la tierra y a comprender más fácil lo terrenal, pues la mujer mantiene la curiosidad de conocer humanamente, mientras que el hombre espera un conocimiento revelado directamente por Dios, pero si pierde ese contacto con Dios se queda bruto. Ahora bien, después que el hombre perdiera ese contacto con Dios podría ser que se viera su entendimiento estorbado, mientras que la mujer aprendió de la serpiente a ser astuta y a saber a través de ella muchas cosas de la naturaleza que quizá el hombre no le llegó a enseñar. Por eso muchos dicen que la mujer posee un sexto sentido y que puede ser que su entendimiento se eleve y en muchos de los casos hasta sea mayor que el de los hombres.

La mujer

La mujer aparece como una necesidad que el hombre manifestó ante Dios. Dios vio que el hombre estaba solo, en otras palabras extrañaba una pareja así como los otros animales que tenían la encomienda de mantener el reino animal activo. Dios toma la mujer como una segunda opción para llenar esa soledad y necesidad del hombre. Cuando Él efectúa la operación al hombre para darle de su corazón la mitad a la mujer, es como si Dios le dijese a Adán he aquí lo que pediste.

La mujer se vuelve dependiente del hombre, ella no sabía nada de ese mundo. Ella era ignorante de todo lo que la rodeaba y dependía de ese apoyo, de esa seguridad y esa guianza del hombre. Ella queda en manos no tanto de Dios, sino del hombre. Por eso es que una mujer se vuelve tan dependiente de un hombre y se da cuenta que su fuerza es poca y que el hombre le sirve protección.

La mujer casi siempre busca estas características en el hombre. Cuando una mujer ve a un hombre estable en un hogar y que es responsable, que la puede proteger, que le puede brindar algo seguro es ahí cuando ella es atraída hacia el y se deposita completamente en sus brazos. El hombre tomó a su mujer Eva, él la dirigió, la tomó de su mano y le indicó todo a su alrededor, así ella entregó toda su confianza a ese hombre. La mujer siempre busca sentirse segura con el hombre que esta con ella. La mujer identifica el amor eros como la seguridad, el apoyo y la protección.

El magnetismo o espíritu de vida

Ahora son dos, para que sean uno y por eso Dios los dejó sin ropas, desnudos. Sabía Dios que para que esta unión fuera efectiva no podía haber nada que lo impidiera. Sabía Dios que a través de esa unión esos pedazos de corazones podían ser formados nuevamente y aquel hombre sentiría la satisfacción de poseer un corazón entero.

Por esa razón es que un hombre con simplemente mirar a una mujer puede sentir deseo de poseerla porque el busca completar ese corazón partido, mientras que la mujer es fácilmente conquistada cuando el hombre le da esa bienvenida a su territorio y le da esa seguridad y entonces ella abre su interior y le permite entrar a el y tocar el centro que es el corazón.

Cuando dos seres se conocen, sienten una gran atracción el uno hacia el otro y esta atracción busca unión entre dos cuerpos y unir esas dos mitades de corazón en uno, siendo así cuando sienten el deseo de convertirse en uno uniéndose cuerpo con cuerpo en el placer sexual. Esto actúa como un fuerte imán donde las parejas pueden sentir ese contacto de corazón a corazón y se eleva el placer de haber unido ese órgano que en el huerto del Edén fue partido en dos.

La unión de una pareja ha sido una de las más hermosas obras del Creador y por eso Dios dijo: «No es bueno que el hombre esté solo, sabía Dios que si el hombre estaba solo podía morir de dolor y depresión y que el funcionamiento completo de su crazón solo podía ser realizado siempre que tuviera contacto o magnetismo con su otra mitad que estaba en el cuerpo de aquella Eva que representa a cada mujer.

Es más difícil para un hombre permanecer solo que para una mujer. Pues el hombre siempre busca completar ese corazón que le fue dividido en el Edén, mientras que la mujer recibió una mitad, es decir no fue a la mujer a quien le fue quitado algo, fue al hombre. Para una mujer el conformarse con su propia mitad de corazón podría ser suficiente aunque siempre existe una voz que la llama y la atrae a esa otra mitad y le reclama internamente por ella.

La mujer nunca recibió un corazón entero y, si el hombre no llega a ella y la conquista, la mujer puede permanecer por mucho tiempo sola. Ahora, cuando una mujer esta necesitada de estabilidad y seguridad ella busca esto en un hombre y la mayoría de las veces se vuelve seductora como una serpiente. Pues la seducción es algo que Eva pudo haber aprendido de la serpiente en el huerto del Edén. Entonces Dios formó y bendijo esa unión y vio que era bueno.

No se puede ignorar la necesidad que tiene un hombre de una mujer en el sentido de la unión sexual. Una mujer podría vivir sola sin hacerle falta la relación sexual, pero un hombre siente que esto es una gran necesidad porque sin esto el no se siente completo. Una de las principales características que conquistan a una mujer es ver a un hombre responsable, atento en su hogar, trabajador. Casi siempre la mujer que carece en su vida emocional de esta estabilidad con su marido, se siente vacía y hambrienta de protección, esto se convierte en una amenaza para su vida y si ve estas cualidades en el esposo de su vecina, tiende a sentir codicia hacia el marido de su vecina y con el tiempo esta codicia puede volverse en deseo de seducción y avaricia y al final quiere comer de ese fruto y alzará su mano para tomarlo.

No se puede ignorar que la mujer no responde con la misma actitud que la del hombre, el hombre busca, la mujer espera. Si la mujer no recibe o se siente motivada, no responde apropiadamente a la relación con su pareja y aunque sea tomada por el hombre, ella no hace contacto con la seguridad que quiere recibir del hombre, no llega al placer de la entrega y nunca experimenta ese placer de formar un corazón entero junto a su hombre, bloquea así los sentimientos y con el tiempo se vuelve frívola, por eso en muchos de los casos, las mujeres tienden a no sentir la plenitud de la satisfacción sexual en las relaciones y muchas hasta mueren sexualmente, se vuelven una fuente seca.

El hombre que puede entender la necesidad de su mujer y su propia necesidad podrá trabajar para mejorar su relación con su compañera y brindarle lo que ella simplemente espera de él: su protección, la muestra de amor, de cuidado y seguridad diaria.

La mujer que se siente ignorada por su marido y no tomada encuentra, solo tomada por la noche o en el momento sexual, se cierra a su marido y con su conducta le manifiesta su desprecio, pero cuando el hombre muestra interés y que toma en cuenta sus sentimiento entonces ella estará abierta para el, esperando que la posea y la haga completamente de él y para él.

La mujer que no siente esa seguridad se vuelve como un niño atemorizado e inseguro. El niño solo depende del cuidado y protección de sus padres, y entiende que ellos lo aman cuando le brindan cuidado, lo protegen y lo tratan con cariño. Así es la mujer desea sentir esa misma protección y cuidado de su compañero y esto es lo que ella entiende que es el verdadero amor.

El hombre por naturaleza es rudo y puede domar hasta la peor fiera, pues eso fue un don dado por Dios en el huerto del Edén, pero cuando se le dio la mujer como regalo fue para tratarla diferente a las demás bestias del campo. Adán estaba dispuesto a bregar con las bestias del campo; su trato hacia Eva tenía que ser diferente, por eso Dios dice la mujer es frágil.

En otras palabras si la trata como a las bestias la puede quebrar. Si no la cuida la puede herir, las vasijas frágiles se mantienen en un lugar especial y en un donde estén seguras de que están bien. Pareciera que Adán en cierto sentido sabía esto, y por esta razón era que el mantenía a su mujer Eva, en un lugar seguro mientras el andaba explorando la tierra y que a su regreso cuando viniera de andar por la tierra y explorarla, llegaba a ese refugio donde dejaba a Eva la mayor parte del tiempo sola. Por esto yo creo que el corazón de Eva estaba solitario y sentía que algo le hacia falta. A Eva le hacia falta la compañía de su marido y por esta causa pasaba mucho tiempo acompañada por la serpiente.

La fusión entre un hombre y una mujer representa esa unión que puede existir cuando el Espíritu de Dios viene al cuerpo humano y toma el corazón y lo visita cada vez que este ser humano lo permite. Así como la mujer representa la tierra y el hombre la posee deja una semilla que luego se vuelve un fruto, así mismo es cuando Dios entra al corazón de una mujer o un hombre, deja su fruto en el y este fruto es el fruto de su amor y las demás manifestaciones del amor. Todas las cosas son simbólicas y nos representan algo majestuoso que nos guía al camino correcto para que no nos extraviemos y así por más torpe que seamos podamos usar nuestro entendimiento para que nos guíen a toda verdad.

El corazón significa vida, fruto, la fuente donde se almacena la sangre de todo el cuerpo, donde se concentra la mayor fuente de energía para enviarla a todo el sistema del cuerpo. Esto quiere decir que el centro del almacén fue dividido en el almacén A, el mayor y el almacén B el menor. Ahora existe la sangre A y B que dan positivo y negativo. El corazón es el motor donde se concentran la mayor parte de electrones y átomos de las células que están cargados de electricidad y a través del aliento de vida que Dios sopló (símbolo de energía o electricidad) mantiene el cuerpo con una energía vital.

El soplo de aliento de vida

La vida viene de Dios y solo Dios tiene autoridad sobre ella, nadie puede quitarla, ni ponerla, ahora Dios por el mal que fue introducido por Lucifer limitó al hombre y el diluvio lo sometió a un tiempo determinado de vida. La vida es un soplo, es como un aire, la prueba es que cada vez que respiramos, pues soplamos hacia dentro y hacia fuera en uno de esos es cuando o soplamos dentro y ahí nos quedamos o soplamos hacia fuera y ahí nos quedamos. Esto significa parar y entonces se manifiesta el último aliento de vida en el ser humano.

El corazón reparte la sangre que llega al cerebro, donde se concentran las funciones de nuestros sentidos y así es como a través de una arteria, esta información va a todas las demás partes del cuerpo. El corazón es el almacén, el cerebro en donde están centradas todas las oficinas principales del cuerpo y el cuerpo la parte que ejecuta y ejerce la función. Ahora dice: «Sobre todas las cosas guardadas, guarda tu corazón porque de él es que mana la vida».

Todo lo que guardamos en el corazón, es lo que luego nos guiará, si guardamos el mal, pues nuestra conducta manifestará el mal y si guardamos el bien pues este será activado y procesado por el cerebro y el cerebro lo enviará al todo el sistema del cuerpo y este se manifestara a través de nuestras acciones.

El triángulo de la separación

Ignoraron el peligro

El peligro dentro de esa unión aprobada por Dios, fue el triángulo, esa tercera persona que se interpuso entre el hombre y la mujer; Lucifer, quien se valió de la serpiente, quien representa la astucia, la malicia, la seducción, la codicia. El árbol representa el ser humano muy verdoso y frondoso que necesita llevar un fruto. La fruta representa las emociones, el hambre humana, la sed, la necesidad que todo hombre siente muy dentro de si, el deseo de supervivencia y de encontrar esa otra parte que lo vuelve mas fuerte en Dios y en el misterio de preserva la naturaleza de la creación.

Para Lucifer esto debió ser como un rompe cabezas, ver en el huerto del Edén dos seres completamente extraños, porque sus espíritus estaban cubiertos con un cuerpo de barro y que solo podían tener contacto con Dios. Lucifer no podía tener ningún contacto físico con los humanos porque el es un espíritu y aquellos humanos solo podían identificar el Espíritu de Dios. Es como si Lucifer hubiera estudiado bien, a diario, la dinámica entre la mujer y el hombre, hasta que encuentra la manera de lograr contacto con ellos fisicamente. Pareciera también como si Lucifer hubiera analizado los objetos de valor de los dos humanos, y tomó el mas conveniente. Creo que para Lucifer la mujer era algo de mucha atención, pues se constituyó en un enigma entre el triángulo de los hombres, Dios, Adán y Lucifer. Ahora veremos el triángulo:

El triángulo

Pareciera como si la mujer mantuviera un contacto mas estrecho con la serpiente que con otro animal en el huerto. Según la Biblia, la serpiente podía pararse y hablar, como si entre el reptil y la mujer ya existiera un diálogo de mucho antes. Pareciera como si esa no fuera la primera vez que ellas platicaran, aparentemente eran amigas y la mujer se pasaba entretenida con ella cuando Adán pasaba la mayor parte de su tiempo en otro lado, exploraba sus alrededores pero dejaba a Eva sola.

Es como si Lucifer hubiera notado que la serpiente era astuta, pues podía hablar y tenía cualidades peculiares con la mujer hasta y vio que a través de la serpiente podría comunicarse y tener ese contacto con la mujer.

Eva era la atracción principal de aquel Huerto, pues entre Dios, Adán y Lucifer, ella fue hecha con características diferentes. Pareciera que para Lucifer, esta mujer representaba algo de gran curiosidad y de cuestionamiento en la creación de Dios, así fue que puso toda su atención en ella, para seducirla y llamar su atención.

La serpiente significa atracción, seducción, plan, manipulación, inventos, y toda la maquinaria negativa para conseguir la conexión con la segunda persona y creada y lograr morderla con la lengua de codicia y finalmente poseerla.

El árbol representa la misma naturaleza humana que se ve muy verdosa y necesita llevar un fruto para ser completamente un árbol. Ya existía una confianza entre la serpiente y el árbol de tal manera que la serpiente podía subir y rodear el árbol cuantas veces quisiera. Ya existía la confianza en la serpiente de treparse a ese árbol que en este sentido simboliza a la mujer. La serpiente entendió que a Eva le hacia falta el fruto, sabía que había en ella una necesidad de satisfacción y le ofreció llenar ese vacío con su compañía, pues cada vez que el hombre se separaba de ella y la dejaba sola, ella se sentía vacía.

El fruto significa la vida, el hambre, lo que puede suplir algo que no esta siendo satisfecho. Muchas personas dicen que la forma de aquel fruto pudo ser la de una manzana, probablemente puede ser cierto, porque la manzana es un fruto muy parecido al corazón, por su forma y su color y su componente de nutrición.

La serpiente le ofreció llenar ese corazón que estaba dividido en dos y convertirlo en uno con tan solo un mordisco. Le ofreció un corazón completo, una llenura completa y le dijo, tú serás llena tan pronto como comas de este fruto de vida. La mujer fue engañada por su propia necesidad y por la falta de satisfacción con su pareja, por la soledad que estaba viviendo en ese momento. Le fue ofrecido comer del árbol de la vida, sabia Dios las maquinaciones de Lucifer y su objetivo, ¿pero podía Dios explicarle a unos seres inocentes sobre tantas profundidades? Mayormente a Eva, cuya comunicación era directamente con el hombre, más que con el mismo Dios.

El juicio

El juicio es una manera de resolver un conflicto, donde a cada cosa se le llama por su nombre y se tratan individualmente. Donde cada individuo tiene una responsabilidad propia y necesita cumplir su parte para quedar absuelto de cargos y condenas y si no cumple pues tiene que presentarse ante el juez nuevamente para evaluar su situación y recibir una condena mayor o ser libre de ella.

Juicio para la serpiente se dictó sentencia: vivirás arrastrada por toda la tierra y pondré enemistad entre ti y la mujer.

Si Dios dijo que pondría enemistad entre la mujer y la serpiente, es claro que ellas eran amigas y que existía entre ellas comunicación, Lucifer se dio cuenta del diálogo entre ellas, de la misma forma como existía un dialogo entre Dios y el hombre. La serpiente recibió el juicio de arrastrarse por la tierra y ser herida por la misma mujer que pondría sus pies sobre su cabeza.

Juicio para la mujer: La necesidad de la mujer permanecía latente en su corazón, ella se sentía sola cuando su marido la dejaba en aquel lugar seguro para ir a explorar la tierra. Vio Dios la necesidad en la mujer de compañía y puso en ella la capacidad de concebir dentro de si un nuevo corazón y sentirse llena a través de un hijo y le dijo: Esto te causará dolor, aprenderás a compartir tu corazón con un ser que viene de ti misma. Aprenderás a resolver tus propias necesidades y este aprendizaje te causara dolor y sacrificio. Aprenderás a duplicar el corazón de tu marido y verlo en cada uno de tus hijos, que en tu necesidad de atención tu puedas brindar atención y amor a otro ser que depende de ti. Aprenderás a saciar tu corazón con otro pequeño corazón que sale de tu propio cuerpo y aprenderás a valorarlo por eso te costará un sacrificio».

Así la mujer sería llena y completa cuando concibiera y diera a luz a un hijo y ya no necesitaría más la compañía de una serpiente porque esta era sustituida por la presencia de ese ser viviente que representaba a ese esposo en todo momento. Dios enseñó a los humanos que para lograr algo ellos tienen que aprender a alcanzarlo con su propio esfuerzo. Vio Dios que el hombre aprendió a extender sus manos y a el mismo querer resolver sus propias necesidades y entonces fue cuando le dijo: Tendrás que trabajar por cada cosa que quieras»

Juicio para el hombre: «Pareciera que tu mayor deleite es vagar, explorar la tierra ahí te doy el título de Labrador, labra la tierra si quieres comer de ella. También debes brindar satisfacción a tu mujer que también simboliza la tierra tienes que labrarla y trabajar en ella. No ganarás nada si no trabajas y la tienes en cuenta, ahora te costará sacrificio, si quieres complacencia necesitas ganarla, tiene que trabajar porque antes todo estaba ahí, fácil de alcanzar». Dios los sacó del Edén y los llevó a una tierra espaciosa para que aprendiera a buscar esa satisfacción por el mismo y puso un ángel en el huerto para que no volvieran a allí jamás. En otras palabras, separó la comunicación entre El y lo terrenal dándole a entender al humano que tenia que conocer su propia naturaleza y luego si entender el conocimiento espiritual.

Le fue dado al hombre la completa autoridad de labrar la tierra porque desde el principio de la creación, Dios le dio esta labor. El le apuntó al problema que originó el mal de ellos. La mujer con su compinche, la serpiente; el hombre con su continuo entretenimiento en la tierra, de esta forma el descuido de la relación matrimonial entró.

La mujer necesitaba la seguridad de su marido y sentirse acompañada y protegida por el. Pero el hombre conoció la tierra primero que a ella y aunque la mujer poseía algo que a el le pertenecía, el estaba seguro donde buscarlo y poseerlo en cualquier momento y esta no era su principal preocupación porque el sabia donde había dejado a su mujer.

En cambio la tierra era un enigma para el conocer a diario. Adán sabía que era mucho lo que él tenia que aprender y ensenarle a la mujer y esto era una tarea mayor, era mas fácil descuidarla y salir a una continúa exploración de la belleza de la creación.

Debió ser muy difícil para Dios poder explicarle a dos personas tan completamente humanos, con una naturaleza diferente a la de El, sobre todo el drama que allí se estaba dando. Era más fácil citar sentencia y por eso Dios se arrepintió de haber hecho al hombre. Dios era un espíritu y los humanos habían perdido el conocimiento de su voz, estaban confusos y sintieron miedo porque entendieron que no era solo el espíritu de Dios que existía; ahora había algo más que ellos desconocían y por eso Adán y Eva quisieron protegerse cubriéndose con hojas sus partes íntimas.

Ellos no entendían el reino de la tinieblas y no conocían de Lucifer, esto era algo nuevo para ellos que no diferenciaban entre el mal o el bien por lo tanto fue una situación muy difícil para Dios, por esto se arrepintió de crear al hombre. Adán y Eva eran dos niños inocentes en cuanto al mundo espiritual, y para Eva era muy grande el mundo natural en el cual vivía y que además solo con las instrucciones del hombre podía conocer, mientras que para Dios no era fácil saber como suplir una necesidad terrenal, porque el no era terrenal, el tenía claro que la necesidad terrenal tenia que ser satisfecha a través de lo terrenal.

Dios solo podía brindarles a estos seres terrenales, la energía espiritual de su amor para mantenerlos juntos y hacerlos vivir a través de su espíritu. Sabía Dios que si estos pedazos de corazón no continuaban unidos se podían enfriar y morir. Esto también lo entendió la serpiente y le presentó un fruto completo que saciaría su necesidad. Adán fue convencido por la mujer en comer del fruto, pues ella sabía la necesidad del hombre y cada uno de ellos dependía de este fruto de vida.

Ahora Dios puso en la mano del hombre la tierra, lábrala y vive de ella, cuida esa tierra que representa tu propia mujer, trabaja en ella y encuentra en ella tu satisfacción. A la mujer: «Tu concebirás hijos y sentirás el dolor de tener el corazón partido en dos, compartirás tu corazón con el de tu hijo y sentirás que un hijo es lo más grande que puedes poseer». Le indicó a cada uno su deber y los envió a cada uno a resolver su propia necesidad. Recompensa a la mujer con la maternidad y le dice: «Como te sientes tan sola entonces tendrás hijos y llenarán la tierra y ya no te sentirás más así.» Por eso es que una mujer después que tiene hijos pasan a ser una prioridad en su vida y si es posible pierde al hombre pero no a su hijos. La mujer encuentra en su hijo un corazón completo y siente que un hijo la satisface y la podría llenar completamente.

Dios le da a la mujer la satisfacción del fruto y hace que ella lo complete con ese hijo dentro de su ser. Dios expulsó al hombre del huerto y le dio a entender que su problema era la tierra y su deseo de explorarla y lo sacó de una tierra limitada y le dijo: «Toma, ándala toda, llena tu curiosidad, explótala, vive de ella, come de ella». En otras palabras «Llena tu vacío con ella y llévate a tu mujer porque tampoco podrás vivir sin ella, ella ya podría vivir sin ti una vez que concibiera un hijo, pero tú no podrías vivir sin ella».

El descuido

El peligro mayor entre las parejas viene con el descuido y la frialdad de las relaciones. Cuando esas parejas empiezan a descuidar esa unión y cada uno persigue sus propios intereses y permiten que los envuelvan y ya la prioridad no es tanto la unión amarse y ser amados entonces, es donde el peligro mayor asecha. ¿Qué hacia Eva sola cuando la serpiente la sedujo y le dio de comer del fruto del amor? ¿Dónde estaba Adán cuando esto pasó? ¿Por qué la mujer no consulto primeramente con su esposo antes de obedecer a la serpiente que le indujo a comer del fruto? ¡Qué necesidad sentía la mujer que la llevo a querer probar algo diferente, ¿Será que su marido no era suficiente para ella?

Es aquí donde radica el peligro de las parejas cuando esa relación empieza a ser arrastrada por la frialdad y la ausencia de diálogo, de amistad, de compañerismo y ambos están separados por mucho tiempo en sus propios asuntos, ahí es cuando el peligro se manifiesta alrededor.

La mayoría de las veces el hombre se envuelve en los asuntos personales y la mujer se queda envuelta en el afán del hogar, sin recibir esa atención por parte del hombre.

El hombre tiende a sentirse seguro una vez que tiene a una mujer en la casa, esto es como tener una presa en un refugio seguro y el hombre tiende a ignorar las necesidades de atención que una mujer tiene.

El hombre suele distraerse fácilmente en otras cosas a su alrededor y solo cuando se acuerda de su presa va donde ella y come de ella y vuelve otra vez a sus alrededores. La mujer tiende a sentirse con el tiempo usada como un simple objeto de deleite para el hombre pero ella al final ya no siente esa satisfacción. Es ahí cuando el triángulo empieza a formarse, una tercera persona empieza a invadir el territorio de esa unión bendecida por Dios.

Una pareja cuando se conoce dedica todo el tiempo para estar junta, no hay limites, ni oyen consejos, no ven, ni entienden a nadie más a su alrededor, solo el deseo que los envuelve de ser uno hasta que consuman esa pasión en el acto sexual que es el componente de esa unión.

Después de un tiempo que las personas han decidido unirse en el matrimonio, viene el descuido, la monotonía, la falta de cariño, el rechazo, la apatía, y la poca atención.

El descuido se presenta de diferentes maneras; a través de los asuntos materiales, el afán, el cuidado de la tierra, el hombre tiene que trabajar y mantener la tierra bajo control, ese ejemplo lo vemos cuando Adán pone nombre a todos los animales. Esto quiere decir que su tarea no era tan fácil, ni era tarea de un día para otro. No dice que fue la mujer quien dio nombre a los animales, fue Adán. Para Adán ponerle nombre al delfín, a los monstruos marinos, significó ser un buen nadador y bajar a las profundidades del mar.

Fue al hombre a quien se le dio la tierra para que la labrara, él se deleitaba en ella y todo su misterio, mientras que en mi imaginación la mujer era mantenida por el hombre supuestamente segura en un refugio, hasta su regreso de explorar la tierra y quien sabe cuanto tiempo se tomaba para decidirse a regresar de sus actividades. La mujer se mantenía sola o quizás envuelta en la actividades que tenía dentro de aquel limitado lugar, esto también representaba una distracción que mantenía a cada pareja en su propias actividades y a mi entender pareciera que la mujer y la serpiente andaban juntas. Quizás la serpiente también se daba a la tarea de enseñar a la mujer sobre cosas que Adán no.

Así es como los compromisos sociales, y materiales van tomando control en las parejas y van separando en dos partes diferentes ese corazón que está dispuesto a mantenerse en uno pero que para esto necesita mantener la mayor parte del tiempo unido en un mismo sentir y en una misma obra.

El mucho tiempo de separación entre dos parejas dice que el peligro de la codicia y la seducción está a la vuelta y en cualquier momento hará su manifestación. Rapidamente uno de los dos sentirá ese mal interno que se manifiesta con el vacío y el hambre interna, la soledad y la insatisfacción y la parte más débil siente la necesidad, saldrá a buscar como solventarla.

Ahí es cuando Lucifer aparece en acción y le ofrece al individuo otra opción que le ayude a suplir esas necesidades humanas. El ignora que esta solución, implica perdida y muerte por falta de conocimiento y de entendimiento de como solucionar este problema que simplemente se resuelve con atención y cuidado.

El descuido matrimonial, el afán, la falta de atención, estar solo con otra y pasar tiempo juntos, son las causas más comunes de la ruptura entre dos personas que un día decidieron unir sus pedazos de corazón y convertirlo en uno.

Tenemos que entender que como parejas estamos corriendo este peligro y lo reconozcamos y volvamos al primer amor y a sus primeras obras entonces podríamos salvar la relación eros que también representa el amor entre Dios y el hombre. A través de su espíritu el puede venir a esta naturaleza humana y poseernos.

Cuando las parejas se descuidan y ya no sienten esa atracción, ese deseo de ser una carne y por el contrario se llenan de apatía, sequia y ya no hay interés del uno al otro, es ahí donde la tercera persona puede hacer su aparición. Casi siempre las personas más débiles, más emocionales caen en esta necesidad y sienten que algo anda mal. La mujer casi siempre tiende a ser la que siente esa falta de amor, que siente la rotura, la frialdad, tiende a ser la que habla apuntando hacia el problema.

El que tiene un dolor se queja del dolor y grita para que alguien le ayude y mientras mas le duele mas se queja y si es ignorado pues siente que para esa persona que lo ignora es como si no existiera.

La mujer esta formada con mayor sensibilidad y fue dotada para sentir muy profundo, pues fue formada para llevar a un ser dentro de su vientre.

La mujer tiende a hablar porque en ella hay muchas inquietudes por entender y conocer las cosas de su mundo mientras que el hombre fue hecho para escuchar de Dios y entender rapidamente y resolver pronto.

Ya dije antes que la mujer tiene la mente abierta mientras que el hombre la tiene cerrada ante la mujer, pues el hombre fue hecho para recibir de Dios y la mujer para recibir del hombre. Ahora bien la mujer se hace mas lista que el hombre porque la naturaleza de la mujer es tener una mente abierta para entender, es decir la mujer esta lista para recibir conocimiento de la tierra y conocimiento hasta del mismo Dios, mientras que un hombre cierra su mente facilmente para no entender.

Dios tuvo que decirle al hombre para tu que puedas comer de la tierra, no te queda de otra que trabajarla. El tiene que trabajar la tierra en el orden de conseguir resultado de ella y comer de su fruto. El hombre que no sabe trabajar la tierra en este caso la mujer que representa la tierra, ella se seca, se vuelve frívola, apática y con el tiempo se seca, no da fruto de amor, el hombre ya no recibe de ella esa satisfacción. Cuando una mujer no recibe ese trato de cariño, de atención tiende a marchitarse emocionalmente y no siente por ese hombre ninguna pasión, al final muere a las emociones y con el tiempo hasta muere sexualmente. Esa mujer ya no da fruto y el hombre se vuelve hambriento y tiene que salir a buscar en los árboles del patio del vecino o donde encuentre un árbol que le pueda dar del fruto de la pasión y el deleite.

Las quejas dentro del matrimonio son una señal que algo no anda bien y que si se quiere salvar esa unión y por ende esa familia hay que trabajar la tierra. Hay que invitar la lluvia del cielo que moje la mente y la capacidad de recibir de esa tierra, hay que buscar entendimiento de como se puede avivar esa llama del amor que se esta apagando. La frialdad es un tiempo de aislamiento en donde no existe ese interés formal, no hay mucha atracción del uno por el otro y el que es entendido de mente y no es un ignorante, se dará cuenta que algo no anda bien y sentirá la amenaza y el peligro, sentirá miedo porque sabe que anda el mal merodeando alrededor.

La inseguridad

La seguridad es una necesidad que todo ser humano desea mantener siempre. Quiere decir que todo está bien y en paz, que hay tranquilidad, ausencia de peligro y de amenaza de ser extinguido de la tierra. La seguridad es una alarma natural que cuando algo no anda bien se dispara para alertar el peligro y esto produce miedo y el miedo trae la inseguridad que nos dice muy dentro que algo no esta bien. Inconcientemente sabemos que nuestra naturaleza es de barro y sabemos que el barro es débil y que facilmente puede deshacerse y que hay una parte de nosotros que puede dejar de ser en cualquier momento y que existe una amenaza que es la muerte y se puede manifestar de cualquier manera.

El individuo siente cuando algo no está marchando bien a su alrededor y la alarma de la inseguridad se activa rápidamente sintiendo ese frío que arropa el corazón y lo hace palpitar mas rápido de la cuenta. Ese frío de miedo y de inseguridad quiere decir el frio de la amenaza y de la muerte. La inseguridad es nuestra debilidad humana y cuando esta se manifiesta produce dolor al individuo y le activa los mecanismos de defensa que vienen para ayudar al cuerpo y a la mente a defenderse del peligro que le amenaza.

Los mecanismos de defensa son estrategias que el individuo activa mentalmente para sobrevivir, ya sea evitar la realidad, negar el problema, huir del problema, esconderse del problema, cubrirse del problema, por esto fue que cuando Adán y Eva descubrieron el peligro se cubrieron porque sintieron miedo. La persona que tiene un problema puede tomar cualquier mecanismo de defensa para protegerse porque tiene miedo y no esta seguro en el bien, siente que el mal lo amenaza.

Otra manifestación de la inseguridad es que la persona se muestra posesiva, pues tiene miedo de perder algo o alguien y sabe que hay amenaza de peligro de que esto pueda ser robado y entonces lo cuida aun más, y se vuelve una obsesión mental. La obsesión trae ansiedad y desesperación, altera el sistema nervioso y quita hasta el sueño. Esto es como saber que se tiene algo de mucho valor y que existen ladrones alrededor y esos ladrones saben que posees algo de mucho valor y hará cualquier cosa por robarlo. La persona pide la tranquilidad y la paz. Es ahí donde se pierde hasta la confianza en Dios, pues la persona se esfuerza para cuidar con su propia capacidad mental eso que tanto cuida, ya esta persona no confía que Dios dio y que solo el es el dueño de todas las cosas.

Las personas que han tenido solo pérdidas y luego encuentran algo de valor, se vuelven posesivas o en muchos de los casos, no se aferran a nada porque siempre esperan que eso también desaparezca. Se siente insegura, sabe que nunca le fue fácil lograr poseer algo de valor y ahora pretende cuidarlo a como de lugar, pero mientras más se quiere asegurar de ese algo terrenal más inseguro se siente y miserable porque muy dentro se da cuenta que nada le pertenece, porque la misma naturaleza le dice que por mas que quiera mantener algo en sus manos que es de la tierra, lo puede perder de cualquier forma, porque nada material esta garantizado eternamente. Quiere decir que mientras las personas más dependan de lo terrenal más inseguras en su espíritu se sienten y se tornan sin paz y sin el temor a Dios porque siempre obraran a su manera humanamente para mantener lo que tiene.

La insatisfacción

El hombre cuando no sabe como resolver una necesidad se siente insatisfecho, si no encuentra como solucionar la insatisfacción de su mujer que a diario ella le manifiesta, el se desespera y piensa que la mejor solución es escapar de ella. Una mujer insatisfecha en su relación con su pareja se vuelve como una cueva de culebras, como una bestia herida y su herida sangra hasta morir, se vuelve agresiva, amargada, sin brillo, sin ternura, y parece una serpiente con su lengua venenosa y con esta mata la estima propia de su marido. Muchas de las veces la mujer tiende a ser la que analiza más en una relación y si tiene hijos trata de llenar su vacío con los hijos, pues los hijos salen de sus propias entrañas, mientras que el hombre no tiene esta misma experiencia. El hombre tiende a simplemente comer del fruto sin darle mucha mente a las cosas y ni siquiera piensa en las consecuencias que eso trae.

Cuando Eva le ofreció a Adán del fruto, él no analizó mucho, simplemente comió, solo dijo:»Pero Dios dijo que no comiéramos del fruto». Y no dijo déjame preguntarle a Dios y consultar primero con él para ver que dice al respecto.

Muchos hombres salen por el mundo sedientos, se unen a una, a otra tratando de resolver su necesidad sin medir consecuencias y primero analizar si eso es conveniente o no, y es ahí cuando se originan tantos líos, que dejan unos hijos abandonados por un lado y hogares rotos por el otro.

Muchas mujeres corresponden ciegamente a los halagos y conquista de un hombre creyendo que ahí ellas van a encontrar estabilidad y la seguridad de un refugio firme y se olvidan de la consecuencia de no analizar primero el fruto que tienen al frente si verdaderamente eso podrá saciar su sed, no de un rato sino para todo el tiempo que viva en la tierra. Entonces es ahí cuando esta unión deja huellas y se produce un fruto, un hijo y esto implica la ruina del hogar y un hijo fuera del matrimonio, no hay un compromiso con esos inocentes que no pidieron venir al mundo y es un hijo de la soledad, el hijo del dolor, el hijo sin hogar, el hijo bastardo.

La culpa

Cuando Eva peca, culpa a la serpiente y Adán a la mujer y por ende Adán culpa hasta al mismo Dios; pero la mujer que me diste, esto pareciera como si cada persona buscara un culpable para excusar su propio mal. La culpa dentro del matrimonio es un mal donde nadie quiere hacerse responsable de sus propios problemas. Las parejas se culpan uno al otro o buscan una tercera persona para echarle la culpa, pero nadie admite su propio mal y nadie busca el origen del problema insistiendo en lo mismo de una relación a otra.

El ser responsable y admitir que el problema es de uno, confrontarse a uno mismo, nuestra falta de entendimiento y pobreza mental, que es necesario entender que la falta de conocimiento nos lleva a la perdida de las bendiciones que nos han sido dadas en abundancia y que a cada uno le fue entregado un lugar por conquistar y reinar.

Por eso es que dice que a todos nos hicieron reyes y sacerdotes. Todos tenemos la invitación a ser rey y reina de nuestro hogar, ser el sacerdote de nuestra familia, donde le enseñaremos las cosas buenas a nuestros descendientes, todos tenemos la cualidad de ser autoridad de nuestro propio hogar, y si no sabemos reinar en nuestro terreno, nuestro hogar que nos fue dado, mucho menos sabremos ser gobernadores de otros o guiar a otros a un lugar seguro. No se le puede echar la culpa a nadie todos tenemos la batuta en la mano y si no sabemos usarla eso es culpa nuestra por no buscar la sabiduría que viene de Dios el que todo lo sabe y todo lo puede.

La ignorancia

La falta de conocimiento destruye a la misma persona y por ende a las que dependen de ella. El no saber es como andar perdido, es como buscar una dirección que esta a la vuelta de la esquina y que pareciera estar en la eternidad. El conocimiento implica saber las situaciones que ocurren en los seres humanos.

La mujeres pasan por diferentes tiempos, el tiempo de la menstruación, el tiempo del embarazo, el tiempo del alumbramiento y el tiempo de la menopausia, mientras que el hombre pasa por el tiempo de la pubertad, el tiempo de gestación y el tiempo de la andropausia.

Vuelvo y repito la mujer tiende a ser el sexo frágil, sencillo y débil que busca esa protección, cuidado, ternura y apoyo por parte de su hombre que es más fuerte que ella y la va a defender de cualquier peligro, y al cual se le dio la autoridad y la fuerza de vencer a cualquier bestia y que va a cuidarla y a sus hijos de cualquier peligro. Mientras la mujer amamanta y cuida de su hijo el hombre vela para cuidar de ella y sus pequeños.

Un tiempo atrás esta práctica se mantuvo: el hombre iba a labrar la tierra y la mujer cuidaría del hombre y así el vínculo del matrimonio y la unión familiar se mantenía. Las mujeres dependían de sus maridos y ellos tenían por compromiso sustentar el hogar, pero también esto traía en la mujer la misma soledad y esclavitud que ella en la persona de Eva sintió, al principio de la creación.

Cuando las parejas se descuidan y se enfría la unión es muy importante que corran a escudriñar sus caminos y empiecen a practicar las primeras obras. Las primeras obras tienen que ver con esas primeras actuaciones de cuando se conocieron y empezaron a salir, esa atención, la conquista que el hombre hacia de su mujer. El hombre fue hecho primero y luego vino la mujer, el hombre ya conocía su mundo y tenía que enseñarle a su esposa como caminar por su alrededor. El hombre sería su galán, el que la dirigiera y le ensenará lo bello de su Edén.

Cuando una mujer se empieza a sentir desamparada dentro de la relación, ella empieza a sentirse sola, empieza a mostrarle de alguna manera a su compañero el descuido, proyecta su sentir hacia el, el rechazo que ella siente dentro de su ser por su hombre, ella empieza a mostrarle con su actitud su repudio.

Cuando una mujer se siente sola y marchita, sin conquista de parte de su galán, la mujer siente un de dolor interno que muchas veces se manifiesta con las palabras. La mujer tiende a tomar un tema y no lo suelta y el hombre siente que ella se repite como una grabadora. Allí es cuando vienen los celos que significan inseguridad, esto quiere decir que la persona más sensitiva que esta percibiendo la amenaza interna de la frialdad tiende a quejarse más, porque entiende que algo pasa pero no sabe como obrar.

Muchas veces la persona que se queja mas tiende a cansarse y a buscar como saciar su necesidad y ya no le importa lo que pueda pasar. Así es como se rompe la comunicación entre las parejas. Aunque puede ser que la comunicación nunca ha existido, porque la comunicación es la clave del entendimiento.

Mientras existan las quejas entre dos personas, significa que hay una necesidad y esperanza de algún cambio, ahora cuando la persona no ve ninguna esperanza es cuando opta por romper definitivamente la relación.

Desde que un niño nace va desarrollando diferentes cambios que se manifiestan a través de su crecimiento y esto también es muy importante entenderlo para poder ayudarlos a ellos después que vienen a formar parte de esa unión matrimonial.

Falta de comunicación

La falta de comunicación en una relación es uno de los peligros más grandes que esta tiene. La mujer no supo comunicar sus necesidades al hombre, nunca le habló de ellas. Cuando la serpiente la sedujo a comer del fruto ella no consultó primero con el hombre antes de comer de el, ella comió y luego le dio a el. El hombre por naturaleza espera el silencio de la mujer, solamente espera su obediencia así como las otras bestias del campo. La mujer encierra emociones aun mucho más abiertas que las del hombre debido a su naturaleza de procrear y concebir un hijo.

Las personas parecieran andar en sus propias actividades, con miedo a enfrentar el mal por no tener idea de lo que esta pasando. Los individuos huyen del problema a través del silencio, y evitando la confrontación por temor a enfrentarse a su propio problema. Para Adán fue más fácil decir que la culpa era de la mujer e indirectamente culpar a Dios, diciendo: la mujer que me diste. Es más fácil culpar a otro que admitir que uno mismo tiene la culpa.

Entendemos que por naturaleza los seres humanos poseemos mecanismos de defensa que nos ayudan a protegernos del dolor tanto físico como mental.

El silencio es una de las trampas más peligrosas entre las parejas donde pareciera que cada uno huye de la otra persona para evitar enfrentar su propio mal.

La comunicación posee dos partes, una es escuchar reflectivamente y otra hablar cuidadosamente. Cuando nuestros oídos están afectados y solo podemos escuchar nuestro razonamiento es muy difícil escuchar a la otra persona y concentrarnos en la necesidad de ella. El mecanismo de defensa se activa tan solo para cuidarnos a nosotros, en realidad no nos importa la otra persona y no la escuchamos aunque esta esté haciendo el mayor ruido. Asumir nuestra propia realidad y el miedo que nos invade, nos mantiene en una esquina protegidos, esto nos dice que algo anda mal. Cuando el mecanismo de defensa se activa la persona entra en juicio y culpa, proyectando su estado emocional en la otra y busca un culpable, para evitar su propio confrontación.

Dios llamó a cada uno por su nombre después que ellos pecaron, pero ambos estaban ocultos y cubriendo sus faltas, ninguno vino a Dios admitiendo su mal, cada uno hizo al otro responsable al otro.

Es muy importante para poder tener una efectiva comunicación en la relación, no ocultar lo que está molestándonos, hablar entendiendo que cada uno es responsable de su propia situación y que juntos son una compañía que necesita negociar y tener acuerdos de paz. El poder escuchar a la otra persona, entender que cada uno es individual y posee su propia necesidad, tener un dialogo sin juicios, ni culpas si no buscando convenios entre ambos, esto podría traer un buen resultado entre las parejas.

El matrimonio

El candado cerrado

El matrimonio representa un candado con una llave especial. La mujer figura el candado y el hombre la llave. El matrimonio simboliza un compromiso moral, representa la ley ante Dios y un compromiso ante los hombres. Dios sabía que lo que pasó en el huerto del Edén podía repetirse mas adelante con las generaciones futuras. Unió a Adán y a Eva y los hizo uno y los vistió de ropa, en otra palabra les dio una cubertura para que ellos mismos se abrigaran y tuvieran sus propias medidas. Dios sabía que ese mismo acontecimiento de triángulo entre la mujer, el hombre y el descuido podría repetirse mas adelante y la seducción y la codicia tomarían nuevamente la mente y el entendimiento del humano.

Por dicha razón ahora el toma las medidas y les hace ropa, mata a un corderito y les elabora ropa a ellos para cubrir ese miedo y esa vergüenza. Dios somete al hombre en un pacto, un compromiso, una responsabilidad y dependiendo de como obedece ese pacto entonces disfrutará o se arrepentirá de los resultados. Dios estableció el lazo del matrimonio y lo bendijo y le dijo multiplíquense y llenen la tierra.

Ahora entre Dios, la mujer y el hombre existe un pacto que es el matrimonio. Ni el hombre, ni la mujer pueden consumar una unión sin antes haber echo un pacto porque este será el que dará seguridad a las vidas venideras. Este pacto mantiene a esa generación, a esos que vienen a llenar ese hogar, a esos que son inocentes y que no tienen culpa del fracaso y las malas determinaciones del hombre y de la mujer. Ese pacto del matrimonio fue hecho por Dios para asegurarle el futuro a aquellos que dependerían de ese hombre y esa mujer.

Dios piensa en la estabilidad de esos niños que vendrán a formar parte de ese vínculo perfecto del matrimonio. A través del matrimonio la idea de Dios es la de mantener las familias de la tierra juntas, unidas y seguras en un refugio, que aunque las parejas tengan desavenencias, el pacto proclamó que estarían juntos en las buenas y en las malas hasta que la muerte los separara. Así pensó Dios en la familia, así pensó Dios en ese amor filial. En ese amor que se duplica, se multiplica y que vuelve al barro más fuerte y duradero. Si la familia se destruye es una derrota y una ruptura del pacto divino y eterno de Dios y es otra caída mas para el hombre, es otra manifestación de sus debilidades, no sabe como resolver conflictos.

La vida consiste en un triángulo que debe ser formado entre Dios, el hombre y la mujer, en el caso de nuestra primera pareja el triángulo fue roto por la codicia y Lucifer se anotó un triunfo.

Las parejas que se atraen y quieren unir sus vidas, necesitan hacer un pacto de que su relación el triángulo va a estar dirigido por Dios a través de su ley. La ley dice; no cometerás adulterio, no tendrás codicia de las pertenencias de otro, aunque no sientas satisfacción, aunque venga la frialdad al matrimonio y lleguen malos tiempos; tienes que perseverar firme y mantener el temor a Dios que el tomará control y cuidado de ti, y no darás lugar a la codicia, no ambicionarás lo que tu crees que no tienes y el prójimo sí. Sabía Dios que el hombre se enfrentaría a esos descuidos dentro del hogar y por eso le puso ley, regla y le ordenó mantener ese pacto. Conocía Dios que vendrían: la apatía y el deseo de separación y por eso ordenó un candado y una llave para atrapar a esas dos parejas como una en las buenas y en las malas hasta la muerte. La muerte es la única fuerza que puede separar.

Manteniendo cerrado el candado

Para poder mantener el amor eros vivo humanamente hablando, se necesita trabajar en eso, la tierra hay que labrarla para que de su fruto, el jardinero necesita trabajar en ella. Vuelvo y hago hincapié en esto la mujer da su fruto y cada vez que da una cosecha el labrador tiene que darle un tiempo de reposo y luego volver a trabajarla, así es como una pareja que está envuelta en la llegada de los hijos, es importante se someta a ese tiempo de reposo de la tierra o al tiempo que la mujer necesita para descansar, si el hombre quiere rápidamente tomar a esa mujer sin esperar que sus hormonas y todo su cuerpo vuelva a su estado normal esto puede traer consecuencias a la mujer.

En el tiempo de preparación nuevamente el hombre necesita volver a reconquistar a esa mujer, es muy importante que salgan solos y que busquen a otra persona que les cuide los niños y ellos salgan, a solas, a recodar sus primeros amores.

Es muy importante que cuando las parejas sientan que algo anda mal en la relación se sienten y hablen sobre eso e identifiquen su malestar y le pongan atención rápidamente. Siempre que haya pelea y conflicto es porque algo malo quiere mostrarse y se hace necesario llegar a una solución, porque cuando ya las personas no quieren llegar a ningún acuerdo simplemente se separan y cada mitad para su lado.

Muchas parejas duran años peleando y quejándose de una misma situación, pasa el tiempo y el conflicto es el mismo y parece como que ese disco estuviera rayado. Cuando esto pasa es porque todavía existe un vínculo de pasión que lo une.

El peligro en la relación se manifiesta con las inseguridades, estas indican que algo no anda bien y que ese matrimonio corre el riesgo de destrucción tarde o temprano el seductor o la seductora llegará y ofrecerá el fruto que sacia esa pasión del amor eros. Si las parejas no están fundamentadas en la ley y el pacto con Dios, esto probablemente acarreará una ruptura y una destrucción para la familia.

Buscando mi otra mitad

Cuando me decidí a buscar esa otra mitad era consciente que provenía de un hogar roto, sabía que no contaba con el vínculo del amor filial, y ahora tenía una segunda carta que jugar, me quedaba la oportunidad de formar ese hogar que nunca tuve y sabia que de la única manera que formaría un verdadero amor era a través del amor de Dios en mi pareja.

Sabía que ya no podía contar con el amor filial y que estaba completamente sola en un país desolador y con tantos
peligros. Cuando encontré a mi pareja, me refugié en él, lo
poseí así como se posee un objeto de mucho valor y el cual
no se quiere perder. Veía en mi esposo lo único que tenía
aquí en el globo terráqueo y sentí una profunda desolación
cuando me di cuenta que ni aun él llenaba el vacío de mi
corazón. Era difícil para mi saber como iba a hacer para
mantener ese amor eros, yo necesitaba entender lo que debía hacer para diferenciar el amor filial del amor ágape. Estaba segura que Dios me quería llevar a un conocimiento
mayor de su amor.

Lo primero que entendí fue que tanto él como yo veníamos de hogares rotos y que posiblemente la maldición de
destrucción del amor filial nos perseguía. Sabía que el diálogo entre mi esposo y yo era muy difícil de construir pues
había tres cosas que impedían esta comunicación: la mentalidad religiosa, pues mi esposo creció en una familia de
mentalidad muy religiosa al igual que yo, donde todo era
pecado y existía en nuestras conversaciones una acusación
de pecado y además toda la culpa de nuestros males eran
causa del diablo y como eran del demonio, nadie tenía la
responsabilidad y por lo tanto no había algo que humanamente pudiéramos resolver. Mi esposo se crió en un ambiente frío donde el diálogo y la comunicación no eran una
costumbre, pues podía significar mas problemas, confrontación y hasta violencia. La naturaleza masculina, en su
mayoría, no lo analiza todo; primero resuelve, luego piensa.
La mujer le busca la quinta pata al gato mientras el hombre
no se molesta con una misma cosas dos veces.

Otra cosa era que mi esposo no diferenciaba entre estos
tres tipos de amores, pues yo traje todas esas ideas de mi
país y no se impartía esa enseñanza aquí porque a estos asuntos no se les da tanta importancia, entonces pues mi esposo
carecía de este conocimiento.

Como pareja necesitábamos algo más y eso ni mi propio
esposo me lo podía mostrar, ni suplir. Sabía que lo que fal-

taba entre mi esposo y yo para vivir una vida mas apropia-
da delante de nosotros mismos, de nuestro niño, el prójimo
y Dios; era bastante. Tenía la inseguridad de saber que mi
compañero era un niño en el conocimiento de la verdad,
ambos necesitábamos un aprendizaje mayor y rogaba a Dios
por eso. Tenía mucho temor porque mi compañero y yo
ignorábamos mucho de la verdad.

La cadena de maldición

Muy dentro de mí sabía que entre mi pareja y yo también
existía una cadena de maldición, pues ambos veníamos de
hogares rotos, donde la violencia y el mal reinaron. Nuestro hogar filial fue roto por una tercera persona y por la ignorancia de la mente de nuestros padres y yo sabía que por
eso nuestra estabilidad en el hogar no estaba garantizada y
que podíamos correr el riesgo de la amenaza del mal. Solo
Dios podía mantenernos juntos y El mismo me estaba lle-
vando a la profundidad de su temor. Yo entendía que existía la posibilidad de que nuestro hogar también se rompiera
pero la fe, la seguridad y el conocimiento nos ayudaron a
seguir hacia adelante juntos.

El individuo acostumbra practicar lo que aprendió en su
niñez, como ya expliqué antes; si un niño vio que en su hogar los problemas se resolvieron gritando y con violencia
pues así cuando él esté grande y tenga su propio hogar usará las mismas técnicas para resolver sus problemas. Si aprendió que el divorcio o la separación fueron la alternativa para
sus padres pues esa será la opción que este niño tomará de
adulto. Si el adulterio, el engaño y la mentira fueron una
salida o manera de resolver y escapar pues estos serán los
métodos que usará con la pareja y en su hogar.

Es más fácil para en individuo seguir ese mismo patrón de
conducta y repetirlo cuando le toque formar su propio hogar filial, pues cada individuo es como una vasija que se
llena de lo que a través de su vida ha recibido y eso es lo que
dará a los demás en el futuro. Si el niño observó a sus padres, su primera figura de autoridad, que resolvían conflic-

tos con violencia pues el niño considera que esa es la solución a sus conflictos.

Es más fácil para un hombre que viene de un hogar donde el matrimonio de sus padres fue estable permanecer con su pareja y conservar la estabilidad del hogar que para el que viene de un hogar roto, y casi siempre el del hogar roto rompe su relación al mismo tiempo que sus padres permanecieron juntos. Otras veces sale huyendo inmediatamente percibe el conflicto.

Estaba al tanto de todo lo que estaba pasando en mi familia y en mi relación con mi pareja. Sentía esa frialdad dentro de mi hogar, el trabajo, los estudios, los niños y todas nuestras necesidades diarias por suplir. En repetidas ocasiones vi la serpiente de la tentación y la codicia de lado a lado, rodeándonos y nos acorralaba, llegué a ver como la tentación se viste de seducción y a escuchar la invitación de la serpiente, llegue a verla vestida de diferentes apetitosas frutas.

Sabía que el mal nos rodeaba, sentía el frío dentro del hogar y escuchaba la lengua venenosa de la serpiente. Mi único recurso era la confianza en el temor de Dios y mi obediencia a sus mandamientos, pues doy gracias a Dios que fue lo primero que el empezó a revelar en mi, sobre su temor y el significado de este. No quise transgredir los mandamientos divinos, sabía que tenía un pacto con Dios y mi esposo.

Y esto dependía todo lo que yo era y que la salvación mía y de mi nueva familia. Sentí mi corazón roto y vacío durante el proceso de aprendizaje, pues para poder entender el misterio del amor ágape tuve que ser separada de los dos amores humanos y sentir que quedaba absolutamente sin nada material en lo cual apoyarme. Para entender sobre el amor ágape, cual es espiritual, no se puede mezclar con los amores terrenales. Yo no podía explicar a mi esposo todo lo que me estaba pasando y el desierto que vivía en mi interior, pues me sentía sola sin él. Así fue como entendí que ni aun mi esposo me podía acompañar en este camino de conocimiento profundo sobre el amor ágape y la única satisfacción que llenaría mi vacío.

Viví los estragos de la tormenta que azota a tantos hogares y sin esperanza de ayuda porque lo único que puede ayudar a los matrimonios es el sentido de la realidad sin ignorar las verdades que se viven dentro del hogar y el deseo de buscar solución y ayuda y finalmente el encuentro con el conocimiento del amor ágape.

Sabía que no podía amar a mi esposo sin entender el verdadero significado del verdadero amor. Pues antes de amar a otro yo buscaba llenar mi propio vacío pues quería un esposo perfecto y luchar con las imperfecciones era demasiado trabajo para mi mente. Por eso decidí que mi amor eros jamás sería perfecto ni bueno si no aprendía sobre el amor ágape, ese amor que perfecciona las relaciones, que da la paciencia, la benignidad, la bondad, la fe de que todo puede cambiar, la pureza de obrar sin maldad y sin engaños.

Pasos efectivos para relación

Es muy importante que las personas antes de unirse en matrimonio decidan estudiar y crear fortuna, porque sucede que cuando este afán material esta en el medio de las parejas es un peligro que contribuye al descuido y finalmente a la frialdad de las relaciones. En caso que esto no pueda ser así, es muy importante que las parejas hagan un plan con metas cortas y metas largas.

Es bien importante que entre las parejas exista el dialogo y una continua plática, pues el matrimonio es una compañía de dos y que luego continua con otros que dependen de esa empresa.

En el diálogo no puede haber acusación, culpabilidad, ni juicio, es muy importante entender que cada cabeza es un mundo y que cada persona mira desde el ángulo de su propia vista, que nadie ve con los ojos de nadie y nadie vive con el corazón de nadie, por tanto hay que respetar que el otro tiene sentimientos y pensamientos que están dentro de el.

La pareja tiene el derecho a pensar de forma negativa o positiva y la única medida posible que tomaremos es simplemente darle la explicación necesaria para aclarar los malos entendidos con paciencia y sin culpa. Si nos sentimos culpables nuestro mecanismo de defensa se activa y empezamos a defendernos nosotros mismos sin importarnos los demás y eso es falta de una verdadera expresión de amor.

Yo recomiendo que los chicos se dediquen a estudiar y a tener un fundamento básico y económico antes de llegar al matrimonio, también recomiendo que se dediquen a la preparación matrimonial y a entender sobre estos puntos positivos y negativos dentro de una relación.

Hay muchos cambios dentro del matrimonio y es muy importante identificarlos para poder mantener un dialogo sobre ellos y buscar solución escuchando la opinión de cada uno sin manipulación y sin acusación y sin tomar la palabra del otro como arma contra él.

La comunicación implica dos llaves y si esta se sabe usar habrá resultado en la relación matrimonial. La primera es escuchar cuidadosamente a la otra persona. Entender que lo que la otra persona dice es parte de su pensamiento y sentimientos que simplemente están siendo puestos al desnudo. Los pensamiento se originan en la mente y existen tanto pensamientos positivos como negativos. Estos pensamientos originan los sentimientos y si las personas no resuelven a tiempo sus pensamientos, recuerden en la mente es donde se originan las guerras, pues luego esos pensamientos se vuelven un sentimiento y el sentimiento se vuelve una acción o una conducta. Si un pensamiento es negativo esto luego originara un sentimiento negativo y al final una conducta negativa.

El amor eros si no está cubierto por la palabra de la ley y el temor hacia Dios; corre peligro de extinción, porque Lucifer es real y aun existe y se manifiesta a través de la seducción, la codicia, y el pecado de desear las cosas que creemos que son convenientes y que quizás nos pueden satisfacer.

Tenía claridad conmigo misma que el vacío y frío dentro de mi matrimonio era simplemente una alerta de que ese amor eros no estaba bien fundado y que por ende mi hogar filial, el de mis niños y esposo, también estaba siendo amenazado. Yo supliqué a Dios por su ayuda, sabía que no me bastada tan solo el conocimiento de su temor y su ley, yo necesitaba saber cómo enfrentar las necesidades humanas. Yo tenía que aprender que estos tres amores tenían que marchar en conjunto y que estos tres amores funcionaban en común y que el conocimiento y la manifestación de estos tres amores necesitan mantenerse unánimes en una misma función.

El amor de Dios es el temor hacia él, el reconocimiento de su grandeza, omnisapiencia y omnisciencia que me permiten sentirme segura, saber que de Él no me puedo esconder. Guardar sus mandatos me ayudó a rechazar cualquier oferta de la serpiente, pero esto no era suficiente; mi responsabilidad es cuidar mi hogar y aplicar todo a mi diario vivir dentro de él. Me interné en la profundidad de mi mente y me olvidé de toda cosa vana, traje todas mis obras ante Dios para que me las escudriñara porque sabía que dentro de mi solo existía el engaño y me despojara de toda esa ropa de falsedad. Quedé desnuda ante Dios y los hombres, me oculté en la cueva del aprendizaje y le dije a Dios que de allí no quería salir hasta no saber lo que podía hacer, no solo para resolver mi situación, si no también para ayudar a otros a encontrar la solución en sus vidas de pareja y en su hogar filial. Ayudarlos a que encontraran la dirección de cómo llegar al puerto de la paz.

El ser humano no nació para estar solo, el hombre poseía un corazón completo antes que llegara la mujer. Es muy importante entender y dónde se originan el adulterio y la codicia, pues la necesidad en cada individuo no se puede ignorar y es algo que a lo cual hay que restarle atención an-

tes que sea muy tarde. Las personas buscan llenar un hambre interna de ese amor filial que desde niños no tuvieron y
si lo tuvieron, desean continuar con él, cuando encuentren
el amor eros y formen su nuevo hogar.

Cuando una persona rompe su relación de pareja y piensa
que el problema se acaba una vez que se separa de la otra
persona; se equivoca, porque el problema seguirá con el tiempo, porque la realidad del caso es que el verdadero problemas esta en la persona misma que quiere solucionar su problema con la huída o con otra relación para reconocer más
adelante que encontró otro problema quizá hasta mayor o
peor.

Por los primeros días y los primeros meses las parejas sue-
len vivir como lo venían haciendo durante el noviazgo y la
luna de miel, pero luego de un tiempo se repite el problema.
Cuando la persona cae en conflicto interno, es difícil enfrentar y admitir la responsabilidad que el problema esta en ella
y que solo ella puede enfrentarlo y buscarle solución. Para
otros resulta más fácil resolver sus conflictos con la entrega
a una vida de carnaval o vida loca porque estar loco y huir
de la realidad es el mejor camino para evitar la soledad tormentosa, porque la soledad puede enfrentarnos a nuestro
propio mal.

Es ahí donde hay tantos hogares destruidos y familias puestas en ruina, tanto material como espiritual. Esto es lo que
acarrea la separación de la pareja y la ruptura de un hogar,
hogar que cualquier niño desea mantener. Los niños no
entienden de razones, ni problemas, sus mentes están en el
proceso de conocimiento y entendimiento del mundo que
los rodea. La forma de pensar aún no tiene la estructura para
captar las razones de la razón o lo espiritual, por eso es muy
duro para ellos desde temprana edad, enfrentarse a tanto
drama dentro del hogar.   La mente inocente de los niños no
entiende sobre el amor eros, ellos solo se percatan del amor
Filial y su mayor temor es perder a esos dos que representan esa unión o a esa persona que hace el papel de guía y

guardián. Un niño no entiende de Dios, pues ellos no nacen conociendo a Dios, el dios de los niños es la figura de sus padres. Si esta relación se destruye es muy difícil para ese niño sentir estabilidad emocional. Para un infante no es fácil asimilar los conflictos de sus padres, conflictos que significan amenazas para su reino, su Edén, y es así que ellos jamás creerán en la felicidad, ni el amor, porque solo han experimentado el odio, la violencia y el dolor.

Yo entendía que mis hijos no merecían quedarse sin hogar, ellos no iban a entender y a su mente vendría la confusión y el dolor que causa la separación de sus padres, ellos caerían en la laguna mental de la pérdida vivida por tantos individuos que han caído en ese valle de sombra y muerte.

Muchos hacen lo que esté a su alcance con tal de que ese amor eros permanezca, mantienen la apariencia, la juventud, y si es posible se valen de los recursos del mundo de las tinieblas. En realidad lo único que mantiene a una pareja unida es el respeto al voto y al pacto del matrimonio. También conocer del temor de Dios, creer que Dios es verdad y está en todo lugar y que el mal que seguimos se devuelve y que cuando andamos en engaños y falsedad, tratando de satisfacer nuestras propias necesidades, al final este camino nos destruirá.

Hasta que no entendamos que lo único que nos ayudará a mantener esa relación matrimonial es ese pacto que también delante de Dios fue dicho; «amaré a mi pareja en las buenas y en las malas, en el tiempo de la abundancia, de la escases hasta que la muerte nos separe». El candado solo se abre cuando una de las dos personas deja de existir. Es necesario aprender que nuestro sí, sea sí y nuestro no, no, a ser responsables de nuestra propia necesidad y buscar resolverla de manera sabía que viene del temor de Dios.

Muchos de los que lean este libro sentirán conflictos mentales, pero el conflicto dice que algo tenemos que resolver y cuando identificamos que algo nos está incomodando y se activan nuestros mecanismos de defensa, esto quiere decir que tenemos que enfrentarnos a nosotros mismos. La mente tiende a sentir dolor cuando no sabe como resolver un conflicto y se siente perdida y trata de evadir el problema a como de lugar.

Yo aprendí a confrontarme a mi misma y entendí que es engañoso el corazón más que todas las cosas, perverso y que solo Dios lo conoce. No podemos decir que amamos a Dios y que entendemos el mundo espiritual, si antes no hemos conocido y amado a nuestro mundo terrenal.

Tenemos que amar a nuestras parejas como la escritura dice. Debemos apresurarnos por esos vínculos o lazos humanos que se perdieron, no podemos ignorar que somos tierra y que a las cosas terrenales hay que ponerles atención. No podemos decir que amamos a Dios, que no lo vemos y rechazar al prójimo, huir de él que está cerca.

No podemos decir que amamos más a Dios que a nuestro propio corazón, nuestra pareja representa nuestra otra mitad que fue separada en el huerto del Edén. No podemos decir que queremos vivir en un cielo lleno de paz y fraternidad cuando no podemos construir un hogar de barro en la tierra. Luego que sepamos y entendamos las cosas humanas será más fácil empezar a practicar lo que dice la Biblia del reino celestial.

No podemos seguir engañados, es tiempo de despertar a un conocimiento mayor. El odio, el rencor, el engaño cubren nuestra tierra, la codicia y el mal siguen aun latentes y si continuamos repitiendo esa separación; la balanza del perfecto amor mostrado en la cruz, juzgará nuestras obras que pertenezcan al amor terrenal, al amor eros y al filial. Así se probará si reinó la codicia o reinó el amor ágape de Dios representado en su ley.

Seguimos nuestra propia codicia y nuestra sed humana o seguimos las intenciones y manifestaciones del reino de Dios. Todas las cosas humanas perecerán juntamente con sus obras, pero el amor de Dios permanecerá para siempre, nunca dejará de ser.

Dios bendijo la relación entre las parejas y los enseñó a ser bendecidos por su amor en las buenas y en las malas, pero sabemos que el amor de Dios es sacrificio y que solo con el amor de Dios se puede vivir en las malas con la pareja, y las malas quiere decir muchas cosas.

Las personas quieren amar pero nadie sufrir y nadie quiere vivir en el infierno, pues los seres humanos queremos ganarnos el cielo sin pagar ningún precio, olvidamos que las grandes cosas de valor, aquí en la tierra tienen un precio muy alto que pagar.

Una vez que hay un hogar formado, el amor verdadero no nos deja pensar solo en nosotros sino que también en los demás, es ahí que no incomodamos a los demás por estar nosotros cómodos. No es bueno buscar siempre nuestro propio beneficio y satisfacción cuando nuestros chiquitos van a sufrir los estragos del dolor de un hogar roto, lo pensaremos miles de veces, lo analizaremos y buscaremos resolver nuestros males de otra forma y bajo el pacto de Dios. Si el dijo que en las buenas y en la malas es porque se puede vivir así sin morirnos. Dios sabía que el mal tiempo vendría y nos dio la capacidad para prepararnos y contrarrestar ese mal tiempo, ahora los que no se preparan en el mal tiempo es porque se acomodan e una mente ignorante y caprichosa de pobreza.

El ser humano busca ese verdadero amor que nunca lo podrá encontrar en lo material, esto implica que mi pareja en sentido material no me puede dar el verdadero amor de Dios, pero si puede la verdadera unidad en Dios, rebozar nuestro entendimiento y este traernos paz mental y reposo de una larga búsqueda.

Por lo tanto solo el amor de Dios dentro del ser es que nos dice que esa relación puede renacer y ser nueva en Dios. Dios hizo todas las cosas nuevas y las cosas pasadas son olvidadas, si no pudiste vivir ese verdadero amor filial en tu primera familia y si no pudiste ver ese amor eros entre tus padres, he aquí una nueva oportunidad que nos da Dios.

Vive de nuevo y empieza una vida nueva en su conocimiento y disfruta ese Edén que les fue dado a nuestros primeros padres. Lucifer fue creado como un ángel amado por Dios para que compartiera con su creador ese amor ágape, pero Lucifer no sabía sobre estos tipos de amores: filial y eros. Esta es una confusión que mantiene a Lucifer ocupado en destruir ese mayor regalo que al humano le fue dado el amor entre una pareja y la capacidad de que ese amor puede ser multiplicado en otros frutos que son los hijos. El sabe que si destruye la familia, las relaciones de pareja; su venganza será realizada, el sabe que en esto consiste el mas grande ejemplo del amor de Dios.

La unión de dos personas en matrimonio representa el corazón de Dios unido al del hombre. Estas mitades de corazón pueden volverse uno, esto simboliza la unión de Dios con los hombres en un mismo corazón, y ese hogar formado en la tierra es muestra que ha venido el reino de Dios a la tierra a ofrecerles a otros lo que le fue quitado al primer hombre; su edén, su lugar de paz y que la voluntad de Dios está reinando nuevamente en la tierra.

Yo sabía que mi pareja era imperfecta, muchas cosas no me gustaban de él, pero también acepté mi imperfección. Tuve que rogarle y pedirle tanto a Dios para que abriera mi entendimiento y me ayudara en mi debilidad. Yo sabía que si Dios no nos abre el entendimiento, por más que quisiera no podría entenderlo por mis propios medios.

Allí también se me probó el verdadero amor a través de una persona tan humana y tan imperfecta como yo. Mi esposo también soñó con lo mismo que yo; conformar un hogar firme y estable, pues ambos veníamos por un camino de desolación y falto de los dos amores terrenales. Ni él ni yo sabíamos cómo conseguir estos amores y cómo cultivarlos, tanto el como yo éramos inexpertos sin orientación. No existió ni un humano que nos pudiera ayudar. No podía aceptar esa realidad que yo estaba viviendo, la verdad duele y cuando no la entendemos nos sentimos incompetentes y algo muy dentro nos dice: Párate y escudriña tu camino porque por más que corras, algo anda mal. Destruimos las cosas lindas que nos son dadas por nuestro creador por falta de conocimiento, pues no sabemos como mantenerlas.

Los hijos

Ahora el triángulo lo conforma la pareja que representa el amor eros, los hijos que representan el amor filial y el amor ágape que mantiene ese vínculo unido.

Aprendí también que tenía que saber amar a mis niños con el amor de Dios, pues solo el amor de Dios nos da esa paciencia, esa benignidad y esa sabiduría para darle a unos seres que son completamente vacios y sin ningún entendimiento que dependen completamente de nosotros quienes somos sus guías. Somos los responsables de enseñarles a ellos con nuestro propio ejemplo sobre ese amor y que este conocimiento me llevaría a corregirlos con ternura y amor. Entendí que mis niños necesitaban ver mis imperfecciones y que como humana fallo y cometo errores pero que tengo que admitir mis faltas, así les enseño a no activar mecanismos de defensa que los saquen de la realidad y esto los someta a no ser responsables por sus actos.

Cuando me enfrenté a todas mis debilidades, fue como quedarme desnuda y sentir el azote del frío y el miedo porque todas mis partes privadas y secretas estaban al descubierto. Muchas veces vivimos en un engaño religioso, la religión se usa como un escondite para cubrir nuestros propios males y solo nos sentimos a salvo una vez que estamos en las cuatro paredes de la iglesia.

Una vez que estamos afuera sentimos miedo hacia el mal porque no estamos seguros de la verdad. No digo que visitar la iglesia sea algo malo, no me refiero a eso, es bueno ir a un lugar donde podamos escuchar la palabra de Dios y la enseñanza de las escrituras y aprender de ella.

La Palabra de Dios nos abre el entendimiento a la verdad pero cuando escudriñamos nuestro interior y nos damos cuenta que no estamos usando nuestra creencia para acercarnos a Dios y al conocimiento de la verdad, sino que estamos buscando resolver un hambre u objetivo material pues es ahí cuando erramos dentro de una misma congregación.

Llegué a creer que la causa de mi mal era que el amor se me había enfriado y que de muchas de mis aflicciones otros eran culpables. Pero entendí que nadie es culpable del mal de nadie y que cada ser humano esta invitado a recibir el amor de Dios y a suplir de forma madura las necesidades que implican el amor humano. Esta claro que el amor espiritual jamás lo saciaremos tratando de saciar nuestras necesidades humanas pero sí que podemos saciar lo humano con el amor espiritual. Yo pensaba que no podía amar a quien no me correspondía, pensaba que no podía amar a mi compañero si el me trataba mal y si no era correspondida por el y que lo mejor la separación porque sentía que jamás yo podría ser entendida y escuchada por el.

Entendí que en el verdadero amor no existe cuando tenemos miedo humano de la pérdida porque el temor nos hace ser personas posesivas, inseguras y esta es una prueba que realmente no amamos con el amor de Dios y que solamente buscamos saciar nuestras necesidades humanas.

Nos sentimos inseguros de nosotros mismos y proyectamos nuestros miedos en otros. Nos sentimos solos dentro de nosotros mismos, pensamos que lo que poseemos no nos pertenece y que lo podríamos perder facilmente. Yo vuelvo y repito el miedo es algo normal, es un sentir normal, porque el miedo es como una alarma en nuestro interior que nos indica nuestra realidad y nuestra condición.

La inseguridad no es algo malo, es un sentir natural. Estamos en una vida que no entendemos y que parece que hoy podemos estar aquí y mañana allí, que no existe una garantía de la vida y que no podremos tener las cosas en esta vida para siempre. Pero cuando poseemos el amor de Dios nos damos cuenta que nada de esto es para siempre y que lo único eterno es el amor de Dios en mi corazón, entonces sentimos esa paz dentro nuestro, ese reposo interno del cual

también habla la Biblia, esa confianza que estamos en la tierra el tiempo necesario pero con la convicción que con el
amor de Dios podremos tener una calidad de vida apropia-
da.

Entendí que lo primero es aceptar mi verdadera condición,
la realidad de mi ser, y anhelar con todo mi corazón el amor
verdadero de Dios, para poder amar a mi familia sincera-
mente y a mi prójimo como a mi mismo. Luego si, entender
el dolor ajeno y no ignorarlo, así el temor de la pérdida, la
inseguridad, el miedo y la soledad son atrapados por sus
propios verdugos y los gigantes de la propia mente.

El perfecto amor echa fuera el temor

Cuando el amor de Dios mora en nuestro corazón, ese
miedo que existe dentro de todo ser se calma y sentimos paz
en nuestro ser. Es muy importante que aprendamos a vivir
en compañerismo, a escuchar los pensamiento de los demás,
aceptar que eso es lo que esta dentro de otro ser y que cada
persona podrá resolver sus conflictos cuando aprenda a identificar que la debilidad es un acto normal del ser humano y
que solo con esa parte positiva que cada ser posee, si la des-
cubre y pone en practica, podrá vencer. En la mente están
nuestros puntos positivos y negativos, si pensamos positivo
tendremos un sentimiento positivo y por ende una conducta positiva, pero si por el contrario somos vencidos por nuestros pensamientos negativos pues nuestro sentimiento de
odio, rencor y culpa hacia los demás se manifestará en nuestra conducta, en ese deseo de culpar a otro y querer que ese
otro ser sea desarraigado de la tierra.

El amor Filial
El círculo familiar una unión de sangre

Representa el anillo matrimonial

Entendemos que por naturaleza humana somos seres dependientes de otros y desde niños esperamos que nuestros padres y seres amados nos muestren su amor y cuidado. Lamentablemente por haberse multiplicado la maldad ese amor de muchos se ha enfriado. Bien dice la escritura que no habrá padres para hijos, ni hijos para padres. Pero también sé que para los que dependen de ese amor de Dios, todas las cosas de este mundo que pasen obran para bien (Romano 8:28).

Ese vínculo, ese grupo familiar, ese círculo perfecto del cual salimos y luego con nuestra propia familia volvemos a unir en ese vaivén de la vida. Ese círculo vamos a seguirlo muchas veces tal como lo aprendimos de nuestra primera familia y lo repetiremos con esa nueva familia, ese nuevo chance de empezar una familia mejor. La argolla simboliza este amor: Lo que no se rompe y continúa a través de un círculo, por esto encontramos que la Biblia dice que las maldiciones pueden seguir de generación en generación, al igual sucede con las bendiciones.

Fue irónico cuando fui sacada de mi tierra y alejada de mi parentela y puesta en un lugar desconocido, donde no tenía algún familiar o una madre a quien acudir y recibir su cariño, ni un padre que me diera su apoyo o unos hermanos con quienes pudiera contar. Estaba completamente sola, sin amor filial. Solo contaba con algunos amigos y con dificultad podía compartir con ellos, pues pertenecían a la religión que había aprendido a rechazar en mi mente y para ellos yo simplemente me había descarriado y por lo tanto tenía que estar aparte de ellos para no contaminarlos.

Cuando mis amigos me rechazaron por pensar y actuar diferente a ellos, empecé a actuar con las mismas armas, quería enseñarles que ellos no eran mejor que yo. Experimenté lo que es quedarse sin hogar desde niña, sin nadie de tu familia y cuando quise buscar ese refugio entre la familia de mi religión, me di cuenta que allí no era bienvenida, pues yo parecía ser una rebelde.

Sabía que anhelaba un verdadero hogar, lo buscaba desesperadamente, hasta que me encontré con mi realidad. Sabía que mi matrimonio era mi segunda oportunidad y mi mayor miedo era la ruptura y ser vencida por el mal, y así la cadena que me perseguía de generaciones pasadas, iba a reinar nuevamente en mí. Era duro saber que vine desde niña hambrienta sin pan, sin hogar, ni abrigo a buscar refugio en la supuesta familia de Dios y no puede contar con ese verdadero cariño.

No quiero que aquel que viene de un hogar roto, se sienta culpable y desalentado con este libro, quiero que sepas que el amor divino siempre nos da una segunda oportunidad y que si entendemos que nadie es culpable del propio mal y que la mayor causa de ruptura matrimonial se basa en la falta de conocimiento porque tenemos un abogado que intercede por nosotros. Por eso dice él a los casados los juzgará Dios.

El hogar es ese Edén, ese lugar de descanso, de disciplina que todo hombre necesita construir. La familia necesita unirse y sentarse a la mesa a discutir cada uno la opinión del otro y la posibilidad de implementar pasos que ayuden al mejor funcionamiento.

Los padres son especiales para los niños, ellos no entienden de Dios y solo a través del amor y el respeto es que ellos pueden conocer a Dios. Un niño es inocente, no conoce su mundo, lo percibe y aprehende a través de sus guardianas, es decir de sus padres. De ellos toman los conceptos de: que amor es cuidado, seguridad, protección, y suplir todas sus necesidades. Los niños por lo regular se acuestan a dormir no pensando en que Dios los cuida si no que sus padres están ahí para velar por ellos, en otras palabras para la mentalidad de un niño sus padres representan su Dios.

Un padre no puede discutir con un niño como si ambos tuvieran la misma capacidad mental, el niño es como un archivo vacío que poco a poco se llenará. Un niño aprenderá de respeto a través del respeto que le mostramos a ellos mismos con nuestro trato. No se le debe dar tanta información a la mente de un niño, cada cosa debe ser en su tiempo. Al niño le enseñaremos, y ellos repetirán lo que aprendieron de nosotros y también evaluarán sobre el bien y el mal.

Cuando a un niño se le muestra odio, malos sentimientos, es muy difícil para él, creer en el verdadero amor y en un Dios que es todo amor. Si las cabezas se descarrilan, se echa a perder todo el rebaño, esto quiere decir que si los padres se desvían, pues todos los hijos se echan a perder. Es muy duro para un niño experimentar la violencia y el fuerte nivel de estrés, pues sus neuronas y membranas del sistema nervioso no están tan desarrollados, estas situaciones alteran la adrenalina, afectan los nervios y el estado normal de la persona. Si sabemos ganarnos una familia estamos entonces listos para ganar el reino, y para merecer vivir en un reino mucho mejor. Yo pienso que si no pasamos la prueba de juicio con nuestras familias pues nuestros asuntos espirituales podrían estar en tela de juicio y reprobación.

El ágape; el amor de Dios

El ágape

Este amor significa el principio y el fin. El amor ágape se representa por una balanza en la cual hay tres amores que a su vez forman un triángulo. Para evaluar en nosotros mismos si estos tres amores están presentes en nosotros, es muy importante que aprendamos a identificar las obras de cada uno y su manifestación.

La balanza simboliza la justicia, lo bueno, lo correcto, la verdad. El amor ágape representa el bien, todo lo que pertenece al mundo de la luz, de la paz y el bienestar del ser. El amor ágape representa a Dios y por lo tanto en Dios solo existe el bien. El mal se originó con la caída de Lucifer, cuando en él se formó la maldad por la ambición y la codicia de querer ser como Dios y competir con El. El amor ágape se manifiesta con paz, la paz le transmite al ser humano consciente que este amor existe y que Dios si es real por lo cual, el ser humano se vuelve dependiente de este amor. Empieza a creer que Dios lo creo todo, tiene todo bajo control y que de El provienen todas las cosas creadas.

El amor ágape se manifiesta en forma espiritual en los corazones de los humanos, prueba el equilibrio de cada obra que se hace en el diario vivir. Estas obras son puestas en la balanza del amor ágape y si no son correctas pues no pasan la prueba y tienen que ser reevaluadas o reprobadas nuevamente. El ser humano se sostiene en los dos amores terrenales y generan en el individuo el hálito de vida, por ejemplo, el hombre vive por amor y por el deseo de ser amado. Se levanta a diario buscando llenar ese vacío de amor, de encontrar una perfecta compañía que le exprese ese amor, que le haga saber que el existe y que no está solo en este planeta. Se va a trabajar para suplir sus necesidades y la de ese ser o seres amados.

Ahora como el humano puede satisfacer su necesidad de mantener el amor eros y filial activos y vivos pero está falto del amor ágape que es el principal y ha perdido su contacto con el amor espiritual que es el que le da sentido de vida; entonces el individuo hace un gran esfuerzo por satisfacer las necesidades del amor terrenal sin contar con el amor ágape que representa la energía positiva de todo lo bueno. Es ahí cuando el ser humano se siente perdido y llena su mente de imaginación y fantasía para poder suplir esa necesidad y ese vacío.

El amor ágape fue el contacto que el hombre perdió con Dios cuando en el Edén, escuchó y se dejó dirigir por otra voz que no era la de Dios y perdió esa parte de satisfacción Espiritual. Dios le enseñó a tomar su propio camino para poder llegar a ese amor ágape. Dios enseña al hombre que ahora todo lo que tuvo en su mano de forma fácil tiene que pagarlo, para que el mismo aprenda a identificar entre el bien y el mal y ponga su mente en función diariamente.

Dios dispuso tres caminos para el hombre y lo puso a tomar sus propias decisiones y aprendiera por el mismo a suplir sus necesidades. Dios le dio la opción: de adquirir el conocimiento, de pensar para resolver sus carencias tanto materiales como espirituales. Ya Dios sabía que Adán y Eva iban a descubri que no solo Dios existía si no también Lucifer y que la oferta de Lucifer al parecer les iba a suplir sus necesidades y a cambiar su manera de vida. Por esta razón Dios le dio a escoger y le dio la capacidad mental para evaluar entre la oferta de Dios y de Lucifer. Le indicó que en su oferta solo existía la verdad, la luz, no tenía algo que esconder. En dicha posibilidad había seguridad, estabilidad, pureza, templanza, fe, y todo lo que tuviera buen nombre. La otra opción, el camino de la maldad, solo le traería tinieblas, oscuridad, engaño, mentira, en ella las cosas se ocultan y no son claras.

La oscuridad significa esclavitud, entendimiento sesgado, los ojos y la mente caen en prisiones internas y las personas no pueden ver sus obras, actúan como ciegas y finalmente son destruidas gracias a su elección y a no saber tomar una buena decisión.

Evaluar entre el bien y el mal

Para poder entender sobre el amor ágape y si en verdad estamos en el camino correcto, tenemos que evaluar nuestras acciones cada día, entender que el amor ágape de Dios no es material y que nunca vamos a alcanzar este amor a través de las cosas materiales. Lo material no representa a Dios porque Dios es un Espíritu que nunca deja de ser, mientras que lo material perecerá (1 Corintios 13). El amor permanecerá para siempre pero todo lo que es materia perecerá con todas sus obras.

Se hace determinante reconocer las imperfecciones, debilidades y limitaciones además que sin el amor verdadero, el amor humano no puede ser perfecto, ni verdadero y tenderá a ser tan vano como las obras. Claro que puedo amar mi propia naturaleza, pero al no poseer o no andar en este conocimiento del amor ágape que es el que da el bienestar y guía hacia la perfección y la seguridad; no podré amar, solo estaré supliendo mi propia necesidad de amar y ser amado.

Por eso es que la inseguridad, la conducta posesiva, el miedo de la pérdida humana indican que no estoy andando por el camino del amor ágape y que por lo tanto la balanza se inclinará hacia el mal. El triángulo representado en mi corazón por el amor eros y filial estará guiado por un espíritu contrario llamado Lucifer quien simboliza la codicia y la fantasía de la mente.

Cuando reconozco que mi religión o mi creencia me separa del otro y limita el amor de Dios y que no por mis obras soy mejor que el otro; entonces podré darle paso a Dios para que estabezca su morada en mi con lo cual desaparecerán: la oscuridad, el engaño y la depreción que me arropaban.

Comprender la cara del amor de Dios es reconocer que andar por su camino no es tan difícil, que retornar del camino perdido de confusión y trastorno tomado por el hombre en el huerto, no era tan penoso de alcanzar pues desde la antigüedad Dios mostró el camino hacia Él e indicó al hombre sus beneficios personales y familiares. Le dio a entender que el camino que le dirigía hacia el perfecto amor, era simplemente un sometimiento al bien y un reconocimiento de que Dios era verdad. Le hizo saber que el principio del amor de Dios era el temor a El y que este temor consiste en saber del conocimiento y la sabiduría de Dios. Como también en comprender que Dios es real, que existe el bien y el mal y que tenemos por nosotros mismos decidir entre el bien y mal y que si seguimos el bien tenemos que ser coherentes en nuestro diario vivir.

El bien nos lleva a manifestarlo con hechos ante los ojos de nuestro prójimo. Si cometemos alguna falta contra nuestro prójimo, si codiciamos sus pertenencias, esto es un indicador que nuestro interior no esta guiado por el bien porque en el bien no existe la codicia por el contrario la persona se siente conforme con lo que tiene y lo que es, y se satisface con el Amor ágape que produce paz.

Ahora el que no está satisfecho internamente siempre siente la premura de compensar un vacío que no sabe como llenar, lo cual lo lleva a sentirse perdido dentro de el, confundido y busca recursos humanos que no puede sostener por mucho tiempo.

El camino hacia el ágape de Dios

Por mucho tiempo sentí la urgencia de suplir mis necesidades de amor terrenal y ágape. Estas son dos falencias que todo ser tiene y necesita llenar para sentirse completo espi-

ritual y humanamente.   Antes nunca pude suplir esa necesidad de amor filial, la busqué en cada amistad y finalmente
en la iglesia.

Cuando fui a la iglesia confundí el amor espiritual con mi
propia necesidad de amor filial. Busqué en cada familia de
la iglesia la que nunca tuve, en cada mujer y hombre busqué
unos padres y en mis amigos a esos hermanos que me falta-
ron. De una manera extraña Dios poco a poco me llevó al
conocimiento del verdadero amor ágape que de manera
misteriosa se revela en lo espiritual cuando lo material no
funciona.

Anduve como una huérfana, deseaba un abrigo, un refugio seguro, fui una mendiga del amor. Busqué por doquier
como satisfacer esta necesidad, vestí cualquier ropa que me
recomendarán para ser aceptada como hija adoptada, pero
al final me dí cuenta que con esta forma de actuar huía de la
realidad, de aceptar que era una huérfana y que nunca pude
disfrutar de un hogar y que hasta que no aceptara mi verdad siempre andaría evadiendo mi realidad.

Cuando yo entendí que debía volver a mis padres, enten-
derlos y aceptarlos tal cual ellos eran y comprender que fueron victimas como yo y que ellos no tenían el conocimiento
del amor ágape (que lleva al humano a recuperar lo que perdió y le da una segunda oportunidad de construir un nuevo
hogar en una tierra mejor y bajo el poder de su conocimiento).

Descubrí mi segunda oportunidad de tener el que no tuve
cuando niña y además de proveérselo a otro. Empecé a luchar este hogar, influenciada por el conocimiento del amor
ágape que me llevaría a un entendimiento mayor y a crear
un arca segura que me libraría del mar tempestuoso que
destruye a todos los hogares que están en esta vida sin dirección. El amor ágape es el conocimiento del bien y de la
seguridad que el bien produce.

Sabía que necesitaba del amor ágape para construir el hogar que nunca tuve y que ahora yo era mi turno para cons-

truir mi propia arca que no solo me salvaría a mí sino a mi familia completa y a todo lo material que consiguiera.

El vacío que sentí al llegar a EE.UU. me me hizo entrar en un desierto mental y a quedar frente a la realidad de mi mente. Acepté que no tuve hogar y mi pobreza, me volví a mis padres y me reconcilié con ellos, aprendí a aceptar a mi madre y a comprender que ella fue una victima más de la pobreza mental que a tantos afecta.

Entendí que aquellas personas que yo creía eran mis madres, solamente eran mis amigas y que mi madre era esa mujer sin conocimiento, huérfana de amor. No fue fácil aceptar mi realidad y mi verdad, no fue fácil aceptar mi pobreza, no fue fácil entender que no tenia ningún recurso al cual echarle mano.

Cuando me vi sin recursos económicos, me di cuenta del desierto espiritual donde había caído y que a través de esa necesidad Dios quería mostrarme su amor. Pero seguía sintiendo la necesidad del amor humano y esto me impedía entrar en el verdadero conocimiento del amor ágape y no me permitía prestarle atención a su profundidad espiritual.

Dios me presentó la segunda oportunidad para llenar ese vacío que sentía del amor humano y ahí fue cuando me uní con mi esposo a través del amor eros. Yo sabía que para poder llegar a un amor verdadero con mi esposo necesitaba ese amor ágape que santifica y purifica las relaciones, pero sabía también que a ambos nos faltaba conocimiento y esto era un riesgo para los dos.

La falta del conocimiento de la verdad sobre el amor de Dios fue la causa de que destruyó el hogar de mis padres. Yo notaba que también carecía de este conocimiento y que aunque ambos decíamos tener a Dios, no estaba claro para nosotros el entendimiento de su verdadero amor.

Aprendí sobre la manifestación del amor ágape, con la lectura de Lucas 10:37 y del Éxodo 20, entendí su relación y combinación. En Lucas, estos se dividen en tres:

«Ama a Jehová tú Dios con toda tu mente y todo tu corazón y a tu prójimo como a ti mismo». Cuando fui al Éxodo, noté que estos versículos dividen sus mandamiento en tres partes; el conocimiento a Dios, el temor a Dios y creer que solo Dios es Dios, aceptar su grandeza y que el es el creador de todas las cosas.

El amor a Dios implica fe; la fe de creer en Dios a través de la mente, creer que el es real y que esta en todo lugar y que el es la verdad, y que yo pertenezco a esa verdad y vivo en esa verdad. El reconocer a Dios sobre toda las cosas, como el creador, el hacedor, sin pensar que otro puede hacer lo que solo el puede hacer.

Saber que no nos creamos nosotros mismo y que nuestra existencia depende de El y por lo tanto el puede darnos la vida como nos la puede quitar. La segunda parte se concentra en el amor propio, el cuidado del cuerpo dado por el creador, el saber que el cuerpo humano necesita reposo, descanso, aprecio. El cuidado de nuestra naturaleza humana, saber que nuestras necesidades serán suplidas cuando confiemos que dependemos de ese amor ágape y que nada podremos hacer si nos salimos de ese camino que nos lleva a la perfección.

Jamás sentiremos paz interna si no aprendemos el secreto de depender de ese amor ágape, el amor ágape dice que el cuidará de mi y que todo cuanto yo necesité puede ser suplido por el entendimiento y el poder de Dios. Si no sentimos esa paz que nos produce la confianza y la creencia en ese amor pues seguiremos perdidos mentalmente e inseguros y manifestaremos esta inseguridad en nuestra conducta o acciones diarias.

Esa paz que necesitamos solo la podremos encontrar cuando entendamos que aunque el corazón se apegue a las necesidad humanas, estas nunca serán saciadas completamente si no esta solventada esa carencia del amor ágape. Existen dos hambres una es la humana y se sacia momentáneamente y el hambre espiritual que solo se sacia cuando estamos viviendo en la paz que produce el conocimiento en Dios y de su amor.

En la paz que produce el amor de Dios en el corazón se manifiesta la armonía con nuestro propio ser, la confianza que será Dios quien me guiará y dará el entendimiento para aprender como suplir mi necesidad. Cuando hay paz, hay armonía, conformidad y paciencia para entender mi mundo humano y mi mundo espiritual. Aprenderemos a evaluar entre el bien y el mal y todas nuestras necesidades la llevaremos a la balanza del amor ágape, entonces la codicia no hará entrada en nuestro interior y la necesidad será suplida en su momento exacto.

La tercera parte consiste en el cuidado y amor al prójimo. Si en las obras que presentamos ante los demás se encuentra la codicia, el engaño, la falsedad y dentro del corazón el mal inclina la balanza esto quiere decir que no existe lo primero, ni lo segundo y mucho menos existe lo tercero que es el amor al prójimo.

En esta tercera parte este amor al prójimo se presenta con el amor filial, el amor a nuestros padres, si podemos mostrar cuidado, atención, protección y cariño a esos que en algún momento de su vida se sacrificaron por nosotros, poco o mucho, y nos preocupamos por su beneficio y bienestar, entonces esto nos dará mas razones de vida en nuestro interior. Si no podemos amar a esos que viven con nosotros, que son carne de nuestra carne y sangre de nuestra sangre y en los cuales se manifiestan nuestras obras diarias, pues mucho menos amaremos a aquellos que están lejos de nosotros. Esos que están lejos en verdad no tendrán esperanza con nosotros.

Cuidar a los padres o tutores que Dios puso para que nos cuidaran cuando nosotros no podíamos cuidarnos por nosotros mismos, a esos que con sacrificio trabajaron para brindarnos el sustento, también refiriéndose a esos que de una forma u otra hicieron ese papel de padres. Los demás versículos del capítulo 20 consiste en el cuidado al prójimo, y a sus pertenencias. No debemos desear loo que posee nuestro vecino, esto dice de nosotros que no dependemos de Dios, que aun estamos esperando encontrar satisfacción en la cosas materiales y que no tenemos la capacidad de ganar los bienes anhelados por nosotros mismos y por eso nos detenemos en las pertenencias del otro. Pensamos que quizás robando nos sentiremos satisfechos o por lo menos que si funciona para aquel, también puede funcionar para nosotros.

El proverbista Salomón, entendió que las riquezas y bienes ganados en la tierra eran vanidad debajo del sol, pues todo esto era perecedero y comprendió que en esto consiste el todo del hombre: «Teme a Dios y guarda sus mandamientos» (Eclesiastés 12:13).

Sentí que me enfrentaba a los gigantes de este reino, era como meterme en un terreno ajeno, pero tenía mucha seguridad en las Escrituras y poco a poco después de tantos años practicándola en mi ignorancia, era que empezaba a entenderlas.

Comprendí que solo con las armas espirituales; yo podía vencer. Con el yelmo de la salvación, Dios me ayudaría y me salvaría del mal de la falsedad y la ignorancia que me agobiaba. Con el escudo de la fe, con la espada de la palabra de Dios, con el calzado del apresto del evangelio era que iba a vencer en la tierra de los gigantes y que esta tierra era mi heredad y tenía que conquistarla. Yo aprendería a vencer y a ser triunfadora. Mi fe y mi verdadera creencia fueron probadas al igual que la paciencia, la benignidad, la bondad, templanza, la pureza y el verdadero amor.

Me dí cuenta que el amor era lo que mas me estaba siendo probado. Como dice 1 Juan 2:6: «Dios es amor y el que ama ha nacido de Dios y conoce a Dios y el que no ama no ha nacido de Dios ni conoce a Dios».

Ahora entiendo que lo que se perdió en el huerto del Edén fue el amor entre Dios y el hombre. Ese contacto directo entre Dios y el humano, donde no existía separación, barreras, limitaciones. Sé que sin el amor de Dios no pueden funcionar normalmente las relaciones de las familias, las amistades y mucho menos la de las parejas, por esa razón es que existen tantos conflictos, pleitos, odio y hasta muerte entró los seres que supuestamente deben protegerse unos a otros, en ese gran amor. Los seres humanos buscan llenar un vacío con todas las cosas materiales que encuentran en su camino sin pensar que todo lo que es material perecerá y terminará, incluyendo el mismo cuerpo.

El amor verdadero es espiritual y solo se puede alcanzar cuando entendemos que carecemos de el y le rogamos a Dios y deseamos profundamente obtenerlo; solo así es que podremos tenerlo dentro nuestro. Yo pensé que amaba porque mi amor fue correspondido mientras viví en mi país, pero fue verdaderamente aquí en EE.UU. donde aprendí el secreto del verdadero amor. El verdadero amor se prueba en la prueba, cuando no somos correspondidos, o quizás encontramos el desprecio de aquellos que están dispuestos a protegernos y brindarnos calor y abrigo.

Nosotros los seres humanos nacimos para amar y ser amados y nuestro objetivo donde quiera que estemos es encontrar ese sentimiento que se haga una realidad. Un día todas las cosas terminarán, todo lo material se podrá destruir pero el verdadero amor nunca dejara de ser. Es fácil amar en nuestro amor humano cuando todo está bien, cuando somos correspondidos y nos sentimos felices porque todo esta de nuestra parte, pero es muy difícil amar cuando esto es lo contrario, así es que se prueba que nuestro amor es condicional, es terrenal, humano y que no sirve al final porque es dependiendo del tiempo y la circunstancia y en verdad no se busca el beneficio de los demás, solo el propio.

Nuevamente me repito que fue fácil para mí amar mientras fui correspondida por otros, y cuando todo iba bien con mi pareja y suplía así mi necesidad y no había nada negativo que enfrentar. Es fácil decir que amamos a esos que son buenos con nosotros y despreciar a los que son malos y difíciles con la excusa que representaban amenaza.

Vivimos en un mundo donde el odio, el rechazo, el desprecio, la falsedad, el engaño, la hipocresía y muchas emociones más nos muestran la falta del verdadero amor. La gente hace lo que sea para poder alcanzar la atención de otros y sentirse amados por otros, buscan desesperadamente un sentimiento que jamás en las cosas materiales podrá hallar.

El amor verdadero se prueba en el desierto, empieza por nosotros mismos y nuestras obras son pesadas en la balanza. Aceptarnos a nosotros tal cual somos, entender que somos seres individuales y que dentro de nuestra propia mente nadie más puede habitar, nadie por más amado que sea puede vivir en nuestra mente y ocupar nuestros pensamientos. Cuando entendemos que nosotros no podemos mirar con los ojos de otro, ni pensar con la mente de otros y que solo nosotros podemos alcanzar ese verdadero amor de Dios, entonces nacemos de Dios en nuestros propio corazón.

Cada persona es responsable de si mismo y cada cual necesita saciar su propia hambre y sed espirituales. Solo Dios en forma de su amor puede habitar dentro de nuestro ser por ser amor, es espíritu y solo un espíritu puede habitar dentro de nuestros cuerpos.

Su amor es paz y necesitamos vivir en paz con nuestro ser, sentirnos conformes tal como somos, de donde venimos, sin esconder lo que y quienes somos, sin sentir vergüenza de nuestra raza o diferencias y por el privilegio de formar parte de esta naturaleza tan grande y bella que hizo el creador. Necesitamos entender que jamás podremos entender a otros si no nos entendemos nosotros mismos. Compararnos con otros no es lo mejor porque cada uno es un ser individual aunque lleguemos a ser uno en el amor y en un mismo suceso. Necesitamos aprender que cada uno representamos la divinidad del creador y es imprescindible un encuentro con El y aceptarlo y verlo a través de mi propia imagen y de la imagen de los demás.

Si logro poner cada cosa en su lugar entonces mi mente estará clara a la verdad. Debe identificar cada cosa en su posición, por ejemplo; si entiedo la función de la naturaleza humana, la función que la tierra desempeña en el plan de Dios. Si logro un entendimiento de la función espiritual que cada uno tenemos y aprendo a separar lo terrenal de lo espiritual. Si me dejo guiar por las metas a corto plazo; son las que tenemos mientras vivimos en la tierra y las metas largas la de la eternidad. Si entendemos que como seres humanos fuimos creados con debilidades y fortalezas, que las debilidades nos dicen que somos hechos de barro, de tierra, de materia y nuestras fortalezas sirven para aclararnos que somos hechos de espíritu y que eso es nuestro sustento y nos ayudará a permanecer por siempre. Este es el tema clave de toda la Escritura: «Amaras a tu Dios con todo tu corazón, con toda tu mente; y a tu prójimo como a ti mismo» (Lucas 10:37).

Sé que si Dios no nos revela sobre su verdadero amor, sería muy difícil para nosotros conocer de él, que si Dios no nos escudriña a diario y nos nuestra se verdadera condición, entonces jamás conoceremos esa gran verdad que ayuda y purifica las relaciones humanas.

Sin el amor de Dios lo que existiría sería: el engaño, la falsedad y la hipocresía que son parte de las protecciones humanas para vivir en este mundo solo para beneficio propio y pero en contra de la ley de Dios que dice: no matarás, no cometerás adulterio, no hurtarás, no hablarás contra tu prójimo falsedad, no codiciarás la casa, la esposa, y ni cosa alguna de tu prójimo.

Aun con esto todavía no aceptaba mi propia raza, odiaba a los hombres de mi cultura y luego aprendí a menospreciar la cultura de otros hasta que entendí que el problema no era de una cultura si no de la ignorancia que el ser humano en general tiene sobre la verdad, Dios y su misma vida.

Buscaba sobrevivir pero no vivía porque caminaba en la ignorancia de mi mente por eso entiendo que solo la verdad nos hará libres (Juan 8:32). Si nosotros no entendemos las cosas, no podremos actuar diferente, nos someteremos a un regimen, a un molde y todo lo que creemos que pertenece a nosotros lo entraremos a ese regimen aun a los que se acerquen a nosotros.

Los regímenes nos indican que no somos libres y que algo no marcha bien alrededor de nosotros y en nosotros por lo tanto si no aprendemos a analizar por nosotros mismos y a llegar a la verdad tan solo pidiéndoselo al dueño del entendimiento. La ignorancia es nuestro peor castigo y si vivimos en esa ignorancia es como vivir en el valle de huesos secos.

Recuerdo que me sentía triste cuando pasaban los años y no veía que mis enemigos fueran castigados, hasta que entendí que si yo realmente tenía el amor de Dios; el perdón sería la primera señal en mi corazón que había olvidado el mal y comprendido la posición y la razón por las cuales el otro había obrado así, es excusar al otro de su mal proceder y entenderlo sin juzgarlo.

La religión nos enseñó a sentirnos como victimas y a creer que Dios castigaría a nuestros enemigos, a esos que nos hacieron o hacen la vida a cuadritos, a esperar su muerte o sus azotes. Si perdonamos y olvidamos los males de otros, si entendemos sus imperfecciones y que son tan débiles como nosotros mismos, entonces podremos decir que vamos por el camino del verdadero amor. Si nos escudriñamos a diario, aceptamos nuestras debilidades sin querer ocultarlas y sin querer aparentar algo que jamás somos, entonces estamos encaminados en el amor. Si diferenciamos entre el amor filial y el amor eros y no los confundimos con el amor verdadero. Si entendemos que el verdadero amor no es material y que jamás lo encontraremos allí porque este es espiritual, entonces estaremos listos para recibir el verdadero amor. Si comprendemos en qué consiste toda la escritura y sus mandamientos, entonces estaremos preparados para sentir a Dios y formar esa verdadera unión matrimonial, a esa que se refiere el Apocalipsis en las bodas del Cordero con la novia.

Creí que la causa de mi mal era que el amor se me había enfriado y que otros eran los culpables de muchas de mis aflicciones y por eso recibirían su castigo, como lo aprendí de mi cultura y mi religión. Mientras busquemos en los amores terrenales seguiremos encontrando imperfección, dolor y desilusión porque todas las cosas pasaran pero el verdadero amor nunca dejará de ser. Ahora sé que solo Dios puede darme verdadero amor para así poder amar a mi familia con quienes a diario chocaba.

Capítulo 7

CONOCERÉIS
LA VERDAD Y SERÉIS LIBRE

La verdad es difícil

Enfrentarse a la verdad es difícil, y más aún si esta es espiritual. «Conoceréis la verdad y la verdad os hará libre». Yo pedí eso, sin saber lo que estaba haciendo. Me enfrenté a mi misma, a mis propias falsedades tanto religiosas como sociales, a mi hipocresía, a mis fantasías y a mis ilusiones pasajeras y prejuicios mentales. Primero entendí que no es tan fácil conocer a un Dios tan grande con una mente material y muy limitada.

Cuando Dios llamó a Moisés lo llevó a un monte, como si quisiera darle a entender que para conocerle a El se requería hacer un sacrificio tan grande como subir mentalmente a las alturas a la parte donde no existe lo terrenal. Por eso Dios le pidió a Moisés que quitara el calzado de sus pies, en otras palabras quiso decirle que no podía conocerlo si usaba cosas material como apoyo. Dios le enseñó a Moisés que desde arriba el panorama se ve mas clara hacia abajo. Era como si Dios hubiera querido llevarlo a su nivel elevado para poderle dar la palabra clave que resolvería todo conflicto humano.

Primero permitió que Moisés experimentará la comodidad de la casa de Faraón, su riqueza, el cariño, la admiración y el respeto que se le rendía por ser un príncipe en Egipto. Luego Dios lo llevó al desierto donde lo despojó de todo aquello

que poseía darle recursos espirituales. Lo despojó completamente de las posesiones humanas y lo vistió con nueva
vestimentas y puso en sus manos su ley.

Entonces cuando aprendemos a aceptar a los demás tal
como son, escucharlos sin juzgarlos y sin aislarlos por lo
que piensan o lo que ellos son; diferentes a nosotros, entonces estaremos entrando en el camino que nos llevará al verdadero amor. No necesitamos codiciar lo que el otro posee
porque es material y al final la materi es imperfecta y no
tiene parte en la eternidad.

Cuando entendamos que los problemas, las dificultades
que enfrentamos en nuestro vivir diario son simplemente
una prueba diaria del verdadero amor que permanecerá para
siempre, así que huirle a las dificultades y a las pruebas es
como huir de la verdad. Entendamos que aquel que tiene
problemas y es difícil de tratar, necesita nuestra considera-
ción, vendar sus heridas.

Ahora mi oración es: «Señor lléname de tu amor». En otras
palabras; estoy pidiendo a Dios que verdaderamente more
en mí, que esté Jesús en mi, Dios hecho hombre, Emmanuel,
Dios morando en un humano, ese es el significado de
Emmanuel, Dios en una habitación humana, hecha de barro.

Mi clamor es Dios habita en mi, ahora entiendo la perfecta
voluntad de Dios que mi corazón esté lleno de su amor, su
amor es su santa presencia, su personalidad, todo El, su reino en mi, y su Espíritu Santo en mi. Sabía que yo no había
amado a nadie, que aun no conocía a Dios. Deseo conocerlo,
y confesar con mi boca que Jesús es hecho carne y que ahora
Dios habita en mí, y ya no es un dicho religioso sino un hecho. Puedo sentir la diferencia de la verdadera naturaleza
de Dios, y andar sintiendo la realidad de la oración del monte,
y además que si no me aparto de esta realidad, esa verdad
me guiará a puerto seguro de paz.

«Señor venga tu reino y hágase tu voluntad en mí, así como
en los cielos».

Conclusión

El amor no es un fruto que crece unicamente cuando es sembrado en tierra fértil. La tierra para producir su fruto necesita una preparación, necesita la lluvia, necesita ser arada y trabajada muy bien. Si sembramos en tierra árida jamás tendremos frutos y perderemos nuestro tiempo al querer lograr que la tierra nos responda, pues si no dedicamos tiempo y esfuerzo no podremos lograr algo positivo, esto quiere decir que para tener lo que queremos, necesitamos hacer un sacrificio. Jamás lograremos algo si no pagamos un precio. Dios quiso que el hombre aprendiera por si mismo a levantar las manos y alcanzar lo que quisiera y le enseñó a que debe pagar un precio por todo lo bueno que quiera. A la mujer le dijo; si quieres llenar tu corazón y si no te satisfaces solamente con el hombre que tienes pues tendras tus hijos, pero a ellos los tendrás con dolor y pagarás un precio por esa felicidad de dar a luz. Al hombre le dijo: «Si tanto te satisface la tierra, pues trabájala y ella te dará de comer».

Necesitamos cultivar el amor entre la pareja, si deseamos una unión estable tenemos que sacrificarnos para lograro, dedicar tiempo y esfuerzo. La felicidad de dos personas no vendrá como un sueño o por arte de magia, esto es un trabajo humano. Las relaciones se construyen y se forman a la manera que las queramos y si queremos un hogar firme y que jamás se destruya necesitamos a diario trabajar y luchar por el.

Si queremos un encuentro con la verdad, con el amor de Dios no podemos conseguirlo con tan solo desearlo, tenemos que pagar un precio y un sometimiento a esa verdad de Dios. Dios formó los tiempos, las horas y dio órdenes para que nos sometiéramos a ese tiempo y a esa ordenanza, así los humanos tenemos tiempo y nos sometemos a ese tiempo.

El amor eros, el amor filial y el amor ágape están regidos por el tiempo. Mientras estemos en la tierra necesitamos someternos a ese tiempo del amor terrenal y prestarle atención y dedicarnos a construir un verdadero edificio fundado en este amor humano y real. Hay muchos hogares destruidos, la familia de la tierra gime y no hay quien les ayude. Necesitamos levantarnos y decir heme aquí envíame a mí porque necesitamos salvar a nuestros niños que son las victimas de la ignorancia que cubre la mente de nuestra sociedad, todos somos responsables por nuestro deterioro mundial.

No podemos ignorar que aun dentro de las iglesias se pierden nuestras familias, hogares rotos y destruidos que cargan en sus manos un poder tan grande como es la Biblia y hablan de una esperanza que pareciera solo existe en el mundo imaginario de la mente pero muy lejos de la tierra. Porque si la Biblia rigiera solo en el cielo entonces no tenía Dios ninguna necesidad de dejarla como guía a los hombres en la tierra.

Si las parejas se destruyen, se acaban los hogares y nuestra sociedad completa estará en caos. Lo que empezó en el Edén como una relación de dos, se extendió a una relación perfecta de tres gracias al precio que Dios pagó y debemos procurar que rija para la tierra en general. Si no aprendemos a llevarnos bien con esa persona que es «carne de nuestra carne y hueso de nuestros huesos», como podremos llevarnos bien con aquel que no conocemos y decir que amamos a un Dios que es Espíritu y no vemos y muchas veces no estamos seguros de su existencia.

Todos somos culpables y es tiempo que cada uno diga yo soy responsable de mis actos y de tomar en mi mano la misión de salvar a mi propia carne y restaurar mi propia vida, la de mi esposa o esposo, la de mi familia y la de todos aquellos que nos sentimos responsable. Todos hemos dejado que el maligno tome y ciegue nuestro entendimiento y nos haga pensar que otro es responsable y culpable de nuestros propios males y por ignorar que Lucifer en el pasado antes que el hombre fuese, él era el único culpable. En el presente todos somos culpables de tantos males en la tierra por no saber elegir entre el bien y el mal aun teniendo un poder tan grande en nuestras manos como es el de la mente, el de analizar, escudriñar y pensar por nuestra propia cuenta en ese libre albedrío dado por el creador.

Pretendemos vivir en el cielo cuando no sabemos vivir en la tierra, cómo esperamos vivir en un reino de paz y de amor, cuando no sabemos vivir en nuestro reino terrestre con compañerismo y buen corazón con los demás. Queremos ganarnos el cielo cuando no podemos ganar nuestro reino terrenal, o tener a Dios en nosotros cuando no toleramos a nuestros hermanos que vemos, tocamos y sentimos tan humanos como nostros mismos, con necesidades similares. Deseamos vivir eternamente en el cielo cuando en la tierra no podemos practicar el bien y nuestro corazón está lleno de maldad. Quiero salvar mi alma cuando no se salvar mi cuerpo, ni el de esas vidas que están puestas en mis manos. ¿Cómo podré vivir en paz cuando no la practico?.

En fin, todo el discurso que he dado se centra en que por más que el hombre se engañe aquí en la tierra existe una verdad, la vida es real y hay que aprender a vivirla para estar listo a enfrentar la muerte que es otra verdad y tarde o temprano llega.

No podemos seguir engañándonos, pues «todo lo que el hombre siembra eso mismo segará».

Solo existen dos verdades; una es la vida, la otra es la muerte; una es el bien, la otra es el mal; una es la luz, otra las

Biografía

Mi nombre es Grisel Pitre, nací en la República Dominicana. Llegué a los Estados Unidos el 3 de mayo de 1993. En 1994 me casé con un puertorriqueño llamado Humberto Pitre con quien tuve dos hijos Ashley, 11 años y Gabriel, 5 años. Obtuve un *Master degree en Social Worker en Adelphi University*. En la actualidad estoy trabajando como terapista mental para una clínica de salud mental en East, New York.

Tengo tres producciones musicales y he impartido clases bíblicas en el *Instituto Bíblico del Calvario* en Brooklyn, entre los años 1993 y 1994.

El propósito de escribir este libro surgió cuando viajé a los Estados Unidos y descubrí una realidad completamente diferente a la de mi país. Experimenté un sinnúmero de situaciones en mi vida, las cuales me llevaron a indagar en la conducta del ser humano, y más aún en tantos acontecimientos trágicos como: la destrucción de los valores humanos, el desamor entre los familiares, la cantidad de divorcios, inclusive dentro de las mismas congregaciones, y el desafecto social a nivel general. El deseo de entender mis propios conflictos (y los de los demás) aprender a resolverlos. Simplemente quería encontrar alguna dirección que nos pudiera llevar al lugar seguro, al Puerto de la Paz. El anhelo de entender la verdad y no vivir engañada porque siempre he creído que lo peor que le puede pasar a un ser humano es vivir así, sea dentro de la religión o de la creencia a la cual llamamos verdad.